애통하는 자는 복이 있나니

김우현다큐북 | 팔복 2

하늘의 위로를 담은 진실의 기록

애통하는 자는 복이 있나니

김우현

글·영상

규장

내가 진실로 진실로 너희에게 이르노니
한 알의 밀이 땅에 떨어져 죽지 아니하면 한 알 그대로 있고
죽으면 많은 열매를 맺느니라

―――――――

요한복음 12장 24절

차례

애통하는 자는…
내가 사랑할 곳 사마리아 · 11
그 사랑을 안다면 · 17
하나님이 자랑하고 싶은 사람 · 26
황혼처럼 진한 의문 · 33
황무한 땅을 일구는 선지자 · 38
잊혀진 진실 · 46

복이 있나니…
낡은 찬송가 한 권 · 55
마지막 발걸음 · 62
뼈아픈 자책 · 71
하나도 잃지 않으시고 · 75
그것은 나의 것이다 · 86
슬픈 사내를 만나다 · 93
세상을 회복하는 하늘의 방법 · 105
작고 메마른 씨앗 하나 · 111

저희가 위로를…

나의 영혼을 용서해주세요 · 117
거룩한 성전의 회복 · 123
누가 애통하는 자냐 · 129
혹독한 슬픔의 골짜기 · 137
애통의 풍경 속으로 · 143
다시 불러 모으신다 · 153
한 알의 밀알 그루터기들 · 162
너의 눈물을 아신다 · 169

받을 것임이요…

내가 사랑하는 사람들이다 · 183
천국을 떠났던 천사 · 188
너무 보고 싶습니다 · 193
가리어진 희생 · 199
나는 살고 싶습니다 · 210
내가 약할 그때에 · 218
땅 끝에서 부르는 노래 · 224
열매로 거둬야 할 피값 · 235

에필로그 · 241

애통하는 자는 복이 있나니

애통하는 자는…

내가 사랑할 곳 사마리아 / 그 사랑을 안다면 / 하나님이 자랑하고 싶은 사람
황혼처럼 진한 의문 / 황무한 땅을 일구는 선지자
잊혀진 진실

01

"주님이 이렇게 움직이시는 것인가요?
이 안타까운 희생들 안에 깃든 소망을 나누라 하시는 것인가요?"
더 이상 아무런 생각도 못한 채
늦은 겨울비 쏟아지는 깊은 어둠 속으로 기도만 내보낼 뿐이었다.

내가 사랑할 곳 사마리아

냉기冷氣를 잔뜩 머금은 바람마저 후련한 기분이다.

후읍, 깊은 심호흡으로 그 차가운 바람과 기운까지 한껏 들이마신다. 얼마 만인가. 이렇게 하오下午의 부서지는 햇살을 거스르며 쏘다니는 즐거움, 휘파람 같은 자유… 이제야 내 자리를 찾은 듯 마음이 편하다.

기철이 형은 저만치 앞서 가며 어느 집 앞을 서성이고 있다.

"아우님, 이런 사람들이 나한테는 얼마나 사랑스러운지 몰라."

특유의 경상도 사투리로 형이 가리킨 곳은 뜻밖에도 무속인巫俗人의 집이다. 신림동 뒷골목. 좁은 골목길 하나에 저마다 사로잡힌 신神의 이름을 내건 무속인들의 점집이 대여섯이나 된다.

"형은 이런 사람들이 사랑스러워요?"

거짓 영들에 사로잡혀 어리석은 사람들을 속이고, 굿을 하거나 점을 치는 풍경이 떠올라 말했다.

"그럼, 얼마나 사랑스러운데… 이 사람들이 하나님을 모르니까 이러고 있는 거지, 그 사랑과 은혜를 안다면 아마 우리보다 더 진실한 신앙인이 될지 모르지."

그래도 아직 나에겐 사랑스러운 감정이 안 생겼다. 상상도 해보지 않은 일이다. 멀리서 무속을 표시하는 깃발만 보여도 기분이 안 좋았다.

　　기철이 형은 카메라를 꺼내더니 무당과 점집들을 찍기 시작했다. 그리고 노트에 무언가를 꼼꼼히 적었다.

　　"뭐 하는 거예요?"

　　"응, 무속인들의 실태를 파악하는 거지. 영적 지도靈的地圖라고 할까. 전국에 이런 사람들이 수백만이나 되더라구. 주님이 보실 때 얼마나 안타까우시겠어."

　　참 못 말리는 형이다. 그러면서 가방에서 두툼한 스크랩북을 꺼내어 보여준다. 그동안 이렇게 다니면서 찍은 사진들이 가득하다. 다양한 무속인들의 집이며, 그들의 특징까지 자세히 기록되어 있다. 어이가 없다. 그동안 이런 걸 하고 다니느라 연락이 없었던가.

　　"도대체 왜 이런 걸 찍어요?"

　　"사랑이란 그냥 기도만 하거나 불쌍히 여기는 것만이 아니거든. 진정으로 사랑하려면 아주 실제적으로 그들을 알고 영적으로 변화를 시켜야만 되지. 그동안 전국의 무속인들 실태를 파악하고, 그들을 위해 구체적으로 기도하고, 자주 만나서 전도하는 일을 했거든."

　　"그렇게 해서 전도한 무속인들이 있어요?"

　　나는 거의 불가능한 일이라고 생각했다.

　　"그럼, 여러 명 전도했지. 이 사람들도 가까이 다가가 보면 다들 공허하고 고통이 많아. 진정한 사랑에 목말라 있다구. 마음을 열고 대하면 변화가 불가능한 건 아니야."

가슴이 뭉클해졌다. 무속인들이 변화되었다는 것보다 혼자 이렇게 골목길을 다니며 아무도 알아주지 않는 삶을 꾸려왔구나, 그 풍경이 자꾸 생각나 마음이 흔들렸던 것이다.

그 누가 무속인들을 사랑스럽다 고백하고 그들을 위해 기도할 수 있단 말인가. 그러나 기철이 형은 남들이 외면하는 그들을 찾아다녔다. 그것도 전국 각지를. 찬 바람 때문인지 눈앞이 그렁그렁 번지는 물기에 흐려졌다. 손으로 닦아낸 눈물 너머 스크랩북 사진들 옆에 기철이 형이 남긴 메모가 눈에 확 들어왔다.

'내가 사랑할 곳, 사마리아.'

사마리아… 그 말이 아득한 아픔으로 전해져 왔다.

"예수님이 당시 유대인들이 무시하고 증오하던 사마리아 땅을 찾아가셨거든. 그것이 주님의 마음이지. 잃어버린 양 하나를 찾아 나서는 마음. 나한테는 이 무속인들이 한 마리 양이고, 사마리아라고. 신앙인들도 찾아오지 않는 곳이지만, 하나님은 이런 자들도 구원받기를 바라실 거야."

사마리아… 형의 말을 들으면서 나는 그 풍경을 생각하고 있었다.

예전에 사마리아에 간 적이 있다.

나의 달려갈 길과 주 예수께 받은 사명
곧 하나님의 은혜의 복음 증거 하는 일을 마치려 함에는
나의 생명을 조금도 귀한 것으로 여기지 아니하노라

사도행전 20:24

바울과 제자들이 하늘의 사명으로 달려간 길, 그 길을 따라 다큐멘터리 촬영을 떠난 적이 있다. 바울이 순교한 로마에서 예루살렘까지 거꾸로 내려가는 동안 사도행전에서 활자로 읽으며 생각했던 것과는 달리 너무나 험난하고 힘겨운 여행임을 깨달았다.

예루살렘에서 비아 돌로로사Via Dolorosa, 예수님이 십자가를 지신 고난의 길을 휘청이듯 걷고… 갈릴리, 주님이 걸으셨던 해변을 감격으로 촬영했다. 마가의 다락방을 찾으며 오순절 성령 강림 이후 제자들의 행적을 추적했다. 그렇게 사마리아에 가게 된 것이다.

오순절에 성령 충만함을 받았지만 여전히 유대적인 고정관념을 벗어나지 못하던 제자들을 주님은 스데반의 죽음을 통해 흩어놓으셨다.

'멈추면, 갇히면 죽는다.'

그렇게 하나님의 영靈을 따라 흩어진 제자들 중에 빌립은 누구나 꺼

리던 사마리아를 찾아가 전도했고, 버려진 땅에도 강력한 성령의 역사가 일어나게 되었다.

아마도 빌립은 주님이 가셨던 삶의 자취를 닮고자 다른 제자들이 가지 않은 그곳에 제일 먼저 달려갔는지도 모른다. 사도행전이 사마리아의 사역을 가장 먼저 자세히 기록해놓고 있는 것은 그런 중요한 메시지를 전하려는 의도가 숨어 있기 때문이라고 생각했다.

'모두가 외면하고 피하는 곳을 성령은 지향하신다.'

나는 그렇게 생각했다. 그것이 '그리스도의 풍경'이다. 그러나 이를 보려는 사람은 드물다. 모두가 안락하고 안정적인 예루살렘을 지향한다. 하지만 성령은 유다와 사마리아와 땅 끝까지 흩으신다. 빌립이 찾아간 사마리아에서도 무속인, 마술사 시몬이 변화되었고 그 장면은 사도행전 8장 9-13절에 자세히 기록되어 있다. 기철이 형이 무속인들을 보듬어 안은 이유가 거기에 있는지 궁금했다. 하지만 묻지 않았다.

솔직히 예루살렘보다 사마리아로 떠날 때 더 흥분되었다. 팔레스타인 해방기구PLO의 본산인 세겜 지역에 황폐하지만 수가 城 유적이 아직 남아 있었고, 근처에는 이름만 듣던 야곱의 우물이 있었다. 누구나 꺼리는 사마리아 여인에게서 물을 얻어 드시며 주님이 대화를 나누셨던 그곳이다.

내가 주는 물을 먹는 자는 영원히 목마르지 아니하리니
나의 주는 물은 그 속에서 영생하도록 솟아나는 샘물이 되리라

요한복음 4:14

이 유명한 성구는 제자들도 이상히 여기고, 사마리아의 여인도 "왜 유대인이 나에게 물을 달라 하십니까?" 하고 물어올 정도로 유대인들이 꺼리고 혐오하던 여인과의 대화 가운데 나온 것이다.
주님의 아름다우심, 그 풍경, 그분의 놀라운 진리들은 그렇게 버려진 이들과 함께 거하는 풍경 속에서 많이 나타난다.

아버지께 참으로 예배하는 자들은
신령과 진정으로 예배할 때가 오나니 곧 이때라
아버지께서는 이렇게 자기에게 예배하는 자들을 찾으시느니라

요한복음 4:23

하나님이 찾으시는 '참 예배'… 주님이 버려진, 잃어버린 양들을 찾아가서 그들의 아픔과 한을 헤아리는 그것이 나는 진정한 예배라고 생각했다. 영혼의 심연 깊은 곳을 흐르는 울음. 아버지께서 찾으시는 참 예배… 나는 그것을 목말라 하고 늘 그리워했다.

설레는 마음으로 찾아간 야곱의 우물은 촬영 금지였다. 늘 그렇듯 속으로 기도하며 주변을 스케치하는데 관리인의 어린 아들이 갑자기 다가오더니 찍지 말라고 하면서도 오히려 문을 열어주었다. 순간 당황했지만 주님의 도우심에 감격하며 방송에서 익혀놓은 몰래 카메라 기법으로 야곱의 우물을 촬영했다.

"내 안의 선민의식과 고정관념을 흩으시고 주님처럼 종의 마음으로 남들이 찾지 않는 풍경과 버려진 영혼들을 만나게 해주소서."

야곱의 우물보다 더 깊은 근원의 간절함으로 기도를 드렸다.

그 사랑을 안다면 ──

그 후 〈인간극장〉을 만들면서 기철이 형을 알게 되었다.

아이템을 구하지 못해 어려움을 겪는 중에 설상가상으로 지독한 치통이 찾아와 너무나 고통스러웠다. 방송 일정이 다가왔기에 진통제를 수십 알씩 먹으며 거의 혼절昏絶하는 상태에서 기도했다.

"주님이 소개하고 싶은, 남들이 모르는 진실이나 아픔을 품고 사는 그런 영혼을 소개해주세요."

다른 때에도 주인공을 찾기 위해 기도하곤 했지만, 그때는 주님이 도우시지 않으면 불가능하다는 어떤 절명絶命의 위기와 간절함이 있었다. 그렇게 만난 주인공이 기철이 형이다.

형은 혼혈이다. 이태리계 백인 미군과 한국인 어머니 사이에서 태어나 대부분의 혼혈들이 그러하듯 남모를 고통과 한恨의 풍경을 안고 살아온 그다. 강동구 길동의 지하 방에서 형은 흑인 혼혈인 애니 누나와 가난하게 살고 있었다. 그들도 같은 신앙을 가졌기에 선정주의나 소재주의로 하지 않고 주님이 나누고픈 그 사랑의 열망을 담고 싶다고 하자 굳게 닫힌 마음을 열어주었다.

선택하지 않은 생이 겪어온 슬픔과 절망의 골짜기, 흑과 백, 두 혼혈의 서러운 여행담을 듣는 동안 아프던 몸이 개운해지며 주님의 평화로운 임재臨在를 느꼈다. 집으로 돌아오는 길에 지독한 치통이 엄어 있었다.

'주님께서 이분들의 아픔을, 상처들을 헤아리게 하시려고 처음 겪어보는 독한 통증을 주셨나 보다.'

그때 나는 사마리아를 생각했다. 기철이 형은 자신을 추스르기도 쉽지 않은 상황에서 동두천이며 파주, 문산에 사는 혼혈 어머니들을 돌보고, 대부분 절망 속에서 삶의 자리를 찾지 못하고 살아가는 혼혈인들을 위해 모임을 만들고, 알코올 중독으로 위태로운 삶을 꾸려가던 연상의 애니 누나를 사랑했다.

그 누구도 돌아보지 않던 나이 든 흑인 혼혈 여인과 외국 배우 같은 준수한 외모에 다정다감한 기철이 형. 누구나 그 만남을 반대했고 어리석다고 충고했다. 그러나 기철이 형의 생각은 달랐다.

"자기를 사랑하는 사람을 사랑하는 건 누구나 할 수 있어. 하지만 주님은 내가 잘나서가 아니라 사랑하기 힘든 존재인데도 사랑하셨거든. 그 사랑을 안다면 나도 그런 사랑을 해야지."

형의 서러운 고백과 다짐을 들으며 나는 거의 소리 내어 울 뻔했다.

'그 사랑을 안다면…'

영혼의 우물에 무언가를 던진 듯 자꾸만 그 말이 파문波紋이 되어 퍼지고 있었다. 말처럼 쉽지 않은 사랑을 형은 힘겹게 지켜오고 있었던 것이다. 무엇 때문에… 주님이 보여주신 그 사랑 때문에.

나는 〈애니의 사랑〉이란 제목으로 두 사람의 사랑을 담아냈다. 방송이지만, 사마리아를 담아낸 것이다. 사마리아인들이 능멸凌蔑의 대상이 됐던 까닭도 그 '혼혈' 때문이었다.

무시와 편견 속에서 아파해온 녹록지 않은 이력을 가졌으면서도 기철이 형은 자신의 서러운 풍경을 넘어 또 다른 사마리아를 지향하고 있었다. 그것이 무속인들이었다.

그 크신 하나님의 사랑 말로 다 형용 못하네
저 높고 높은 별을 넘어 이 낮고 낮은 땅 위에
죄 범한 영혼 구하려 그 아들 보내사
화목제로 삼으시고 죄 용서하셨네

<small>찬송가 404장 〈그 크신 하나님의 사랑〉 중에서</small>

    형은 나직이 찬송을 부르며 골목길을 걸었다. 그리고 어느 무속인의 집 앞에 손을 대더니 눈을 뜬 채 기도하기 시작했다. 나는 조금 떨어져서 그 특이한 광경을 촬영했다. 형은 정말 모두가 외면하고 심지어 능멸하기까지 하는 그런 존재들을 위해 남모를 사랑을 키우는 사람이다.
    그 무렵 나는 팔복의 두 번째 작품인 〈애통하는 자는 복이 있나니〉 이하 애통의 주인공으로 기철이 형을 생각하고 있었다. 〈가난한 자는 복이 있나니〉 이하 가난한 자, 맨발로 수십 년 노방 전도를 하며 하나님나라의 종으로 뜨겁게 살아온 최춘선 할아버지의 믿음의 여정을 팔복의 첫 번째로 내보낸 지 두 달도 채 안 되어서였다. 그런데 벌써 팔복 두 번째를 생각하고 있었던 것이다.
    〈가난한 자〉가 책과 영상으로 나오자마자 그 반응은 상당히 뜨거웠다. 인터넷과 교회에서 영상을 내보내고, 책을 읽은 수많은 사람들이 감동과 눈물의 간증을 쏟아내었다. 그것은 예측 불허였다. 최춘선 할아버지에 대한 간증을 들려달라며 많은 곳에서 간청을 해왔고, 주님의 은혜를 나누는 일이기에 거절하지 않고 열심을 다해 간증했다.
 그러나 갈수록 요청은 더욱 늘었고, 나는 조금씩 지쳐갔다. 본래 나의 소망과 신학은 '감추인 삶', '익명의 그리스도'였다.

지극히 작은 자 하나에게 한 것이 곧 내게 한 것이니라
마태복음 25:40

 지극히 작은 자 하나의 영혼과 그런 질감을 지닌 풍경, 그 작음 속에서 그리스도의 진실을 만지는 것이었다. 최춘선 할아버지의 이야기도 이렇게 거창하게 나누려 했던 것이 아니라 모두가 미쳤다고 무시하고 외면하는 맨발의 종, 그 작은 자의 발걸음에 깃든 그리스도의 천국을 나누고 싶었을 뿐이었다. 하지만 오래 키워온 소망과는 반대로 팔복을 만들며 갑자기 유명해졌고, 분주한 삶에 묻혀 떠내려가고 있는 나를 발견하게 되었다.
 1월 하순경 어느 집회를 다녀오던 중에 나는 까닭 모를 곤고에 사로잡혔다. 간증하는 가운데 뜨거운 감동과 눈물의 반응을 매번 접했지만 혼신을 다해 연극을 마친 배우처럼 지치고 공허한 내 영혼을 어쩌지 못했다.

꾸역꾸역 몸을 내리긴 했지만, 나의 발걸음은 집으로 향하지 않고 아파트 뒷산을 따라가고 있었다. 그리고 예상치 못한 엉뚱한 기도가 절로 토해져 나왔다.

"주님, 저 이제 최춘선 할아버지는 그만 나누렵니다. 나누고 싶으시면 주님 혼자 나누세요."

이런 기도를 하는 존재란 이 세상에 나밖에 없는 것이다. 화가 나서 한 말이기도 했지만 그것은 진심이었다. 본래 나란 존재는 아무도 의식하지 않고 뒷골목이나 작은 풍경 속을 쏘다니며 촬영을 하는 데서 가장 큰 쉼을 누리고 있었다. 그런데 〈가난한 자〉를 만든 후에 "무명無名한 자 같으나 유명有名한 자요" 고후 6:9와 같은 가슴 저리던 익명의 충일감과 자유를 상실한 것이다.

최춘선이란 뜨거운 종을 통해 주님의 역사를 나누는 것은 의미 있는 일이다. 분명 그 나눔 안에 주님의 역사가 스며 있음을 안다. 모든 사람이 미쳤다고 하는 지하철의 전도자에게서 누구도 눈치 채지 못한 하나님의 사랑과 충성의 코드를 발견하는 그 희열과 만만치 않은 재미를 모르는 바 아니다.

"하지만 나는 작업의 거친 풍경 속에서 자유를 느끼는 다큐멘터리 감독입니다. 이제는 사람들 앞에 나서기보다 작업을 통해 나누고 싶습니다. 이제 팔복의 두 번째 〈애통〉을 찍으러 가겠습니다."

이런 당돌한 선언을 주님께 던졌다. 쇄도하는 집회 요청을 피하려면 역시 〈애통〉 속으로 숨는 것이 제일이라고 생각했다. 그렇게 〈애통〉의 주인공을 찾고 있을 때, 기철이 형이 오랜만에 연락을 해왔다. 형은 내가 책을 낸 것도 모르고 있었다.

"그동안 뭘 했기에 이 엄청난 장안의 화제작도 몰라?"

우리는 이런 시퍼런 농담을 주고받는 사이다.

"아우님, 내가 항상 바쁘잖아. 우리 혼혈인들을 위한 단체를 만드느라 정신없었어."

형의 흥흥거리는 경상도 사투리는 여전했다.

'아직도 누군가를 위해 그토록 애를 쓰는구나.'

그때 문득 기철이 형이 〈애통〉의 주인공이 아닐까 하는 생각이 들었다. 형이야말로 사랑할 수 없는 영혼들을 붙들고 몸부림치는 사람인 것이다. 문득 번뜩이는 아이디어가 스치고 지나갔.

'애통哀痛 : 몹시 애달프고 슬픔'이란 그 말을, '애통愛痛 : 사랑의 고통, 사랑 때문에 얻은 통증'으로 해석한 것이다.

'너무나 멋진 해석이다. 사랑 때문에 아파하는 영혼….'

스스로를 대견해하며 즉시 기철이 형을 주인공으로 정했다.

"아우님, 내가 그런 중요한 작품의 주인공이 될 수 있을까?"

형은 걱정했지만 나는 도피처가 필요했으므로 확신을 갖고 말했다.

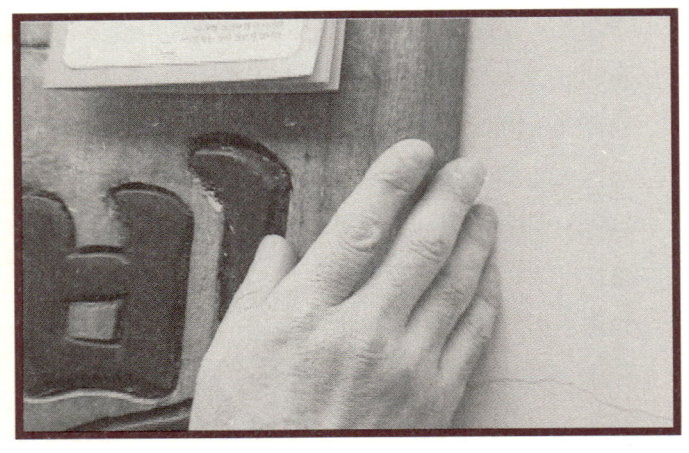

겨울날의 오후 햇살이 부서지는 골목길에서
세상이 꺼리는 존재들을 찾아가 기도하는 사람

"주님이 산상수훈에서 제시하시는 진정한 사랑이 없는 시대에 형 같이 아픈 사랑을 붙들고 사는 사람이라면 주인공으로 충분해. 어쩌면 이것은 통일 시대를 위해서도 중요한 작업이 될 거야. 지금 우리의 이 피상적인 사랑으로는 북한의 형제들을 품을 수가 없거든."

나는 관심을 키우던 통일의 의미까지 거창하게 이 작업에 포함시키고 있었다. 비록 도피처가 필요했지만 애통에 대한 의미는 진정이었다. 그렇게 하여 우리는 〈애통〉 촬영을 위해 신림동 뒷골목으로 온 것이다.

무속인들의 집마다 손을 얹고 기도를 드리는 형의 모습은 그림이 좋았다. 겨울날의 오후 햇살이 부서지는 골목길에서 세상이 꺼리는 존재들을 찾아가 기도하는 사람. 비록 겉으로 드러나는 눈물과 처절한 고통이 없다 해도 그것은 분명 애통이다. 사랑할 수 없는 것을 부둥켜안고 사랑하는 사람만이 피상적인 한국 교회를 깨울 것이다.

홀로 그런 시퍼런 기염을 토하며 〈애통〉을 구상하며 촬영했다. 그런데 언뜻언뜻 겹쳐지는 어떤 이미지가 있었다. 뜻밖에도 그것은 '맨발'이었다. 나는 머리를 흔들어 이미지를 지우려 했다.

"왜 자꾸 맨발이 떠오르는 거지? 〈애통〉에 전념해야 하는데…."

하지만 마치 소설이나 영화의 한 장면처럼 그 발이 자꾸만 겹쳐졌다. 날이 이미 어둑해져갔으므로 나는 서둘러 촬영을 마쳤다.

하나님이 자랑하고 싶은 사람

며칠 후 한 형제가 나를 찾아왔다.

최재덕이라 자신을 소개한 이 형제는 얼핏 보기에도 진실함이 묻어나는 얼굴을 하고 있었다. 그런데 이 형제가 뜻밖의 말을 했다.

"팔복을 보고 너무나 큰 감동을 받았습니다. 그것은 진정 하나님께서 하신 일입니다. 오늘 아침 그에 감사하며 새벽기도를 하는데 하나님께서 팔복에 대해 말씀을 하셨습니다."

나는 약간 놀랐다. 하나님께서 팔복에 대해 말씀을 주시다니….

"뭐라고 하시던가요?"

혹시 〈애통〉에 대해 말씀해주시려는 건 아닐까 하는 기대로 물었다.

"하나님께서 맨발의 최춘선 할아버지를 더욱더 나누고 싶어 하신다고 하셨습니다. 너무나 자랑스러워서 견딜 수 없다고 하셨습니다."

순간 말문이 막혔다.

"나누고 싶으시면, 주님 혼자 나누세요."

이렇게 당돌하게 기도하고 〈애통〉을 찍고 있는데, 하나님께서는 최춘선 할아버지의 맨발의 여정을 나누고 싶고 자랑하고 싶어서 견딜 수 없어 하신다는 것이다.

'하나님께서 어떤 방식으로 그 말씀을 들려주셨나요?' 라고 묻고 싶었다. 나는 음성을 들었다든지 계시를 받았다는 것을 그다지 신뢰하지 않는 편이었다. 표현은 못했지만 약간의 혼동이 일었다.

'애통하는 자를 못 찍게 하려는 사단의 방해가 아닐까? 광명의 천사로 위장하고 속이는 데 능한 놈이니까' 하는 엉뚱한 생각까지 들었다. 그러나 재덕 형제와 대화를 나누는 사이 그가 하나님 앞에 진실한 사람이라는 것을 알게 되었다. 무엇보다 그가 들은 말씀이 나의 영적 아킬레스건을 건드렸다.

내가 '지극히 작은 자 하나'를 지향해온 배경에는 오랫동안 내밀하게 키워온 어떤 풍경이 있었다. 서른 넘어 처음 영상을 미션Mission으로 붙든 후 뒷골목을 다니며 촬영을 하면서도, 나는 늘 한 가지 기도를 잊지 않았다.

"주님, 아무도 모르지만 진실을 품고 사는 풍경을 찍게 해주세요. 노인이 된다 해도 남루한 작업복을 입고 결국은 주님 앞에 가서 당신의 발등을 찍기까지 이 열정을 멈추지 않게 해주세요."

성자들의 수염처럼 아주 오래된 이 기도를 할 때마다 떠올리는 상상은 주님의 발등을 찍을 때 주님이 하시는 말씀이다.

"얘들아, 내가 평소에 얘기했지. 얘가… 내가 말하던 우현이야."

베드로와 바울에게 주님이 나를 두고 하시는 말씀. 조금은 우습고 엉뚱한 상상이지만, 천국에 갔을 때 주님이 나를 기억해주시고 마음에 두실 수만 있다면… 그리고 그분의 작은 자랑거리가 될 수만 있다면… 그런 간절한 소망을 늘 품고 다녔다.

그런데 "하나님께서 최춘선 할아버지를 나누고 싶어서, 자랑하고 싶어서 견딜 수 없다고 하셨습니다"라는 재덕 형제의 말이 나를 흔들었다.

'하나님이 자랑하고 싶은 사람'

그것은 나의 소망이자 외로운 다큐멘터리 작업으로 이루고픈 꿈이었다. 그러나 이미 〈애통〉의 주인공으로 기철이 형을 상당 부분 촬영했다. 편집까지 구상을 해놓고 마무리하려는 때에 재덕 형제가 찾아온 것이다.

'하나님의 진정한 뜻은 무엇일까?'

터진 샘처럼 갑자기 갈등이 고이기 시작했다.

재덕 형제가 떠난 후 나는 작업실의 구석진 곳에 몸을 숨겨 기도했다. 지난번 당돌하게 선언한 것과는 다른 기도가 나왔다.

"〈가난한 자〉를 더욱 나누라 하시면 그렇게 하겠습니다. 그러나 그것이 진정 하나님의 뜻이라면, 확신을 가질 수 있는 표징標徵을 제게 보여주십시오."

지난번처럼 일방적인 선언은 아니었지만 나로선 확신이 필요했다. 만일 하나님이 그렇게 보여주시면 어떤 일이라도 순종할 마음이 내겐 있었다. 하지만 그전에는 움직이지 말아보자. 일단 〈애통〉 작업을 계속 진행하면서 구한 표징을 기다려보기로 했다. 그런데 기도를 마치고 얼마 되지 않아 한 노인에게서 갑자기 전화가 왔다.

"저는 최춘선 목사님의 제자인 조신원이라고 합니다. 그 분을 30년 동안 따르며 같이 전도했습니다."

매우 긴장하고 약간은 흥분된 목소리였다.

"제자요? 최춘선 할아버지께 제자가 있었나요?"

"아마 모르긴 몰라도 천 명은 넘을 겁니다."

나는 적잖이 놀랐다. 제자라는 분이 갑자기 전화를 한 것도 그렇지만, 맨발로 다닌 분에게 천 명이 넘는 제자가 있다니….

"그런데 어떻게 저를 아셨나요?"

"교회에서 신문에 실린 최 목사님 책 광고를 봤습니다. 처음엔 잘못 봤나 싶어 의심했는데 얼마나 놀랐는지… 그리고 교보문고에 갔는데, 그 책이 베스트셀러로 있지 뭡니까. 아, 하나님은 무심하지 않으시구나, 최 목사님을 기어이 드러내시는구나 생각하며 그 분 안에 있는 진심을 누가 알았을까 궁금해서 여러 방면으로 수소문해 연락했습니다."

이것이 내가 구했던 표징인 것일까? 이렇게 빨리 응답하시는 것인가? 정신이 아득해지며 두려움마저 일었다. 30년 넘게 할아버지를 따르며 전도인의 삶을 사셨다는 조신원 선생은 뜨거운 증언을 쉼 없이 쏟아놓으셨다.

"성령의 불에 사로잡혀 전도를 하신 분입니다. 유명한 부흥사들이 병을 고친다 뭐 한다 해도 이분같이 성령의 도구가 되어 일거수일투족 움직이는 분은 처음 봤습니다. 어찌나 충만했는지 성령의 뜨거움 속에서 옷을 벗으실 때가 많았습니다. 추운 겨울에도 그렇게 다니셨습니다. 제가 걱정을 하면 '뜨끈뜨끈해, 괜찮아' 하셨지요. 주님이 눈동자처럼 보호해주신 분입니다."

그래서 지하철에서 어떤 노인이 맨발을 보고 "덥지요?" 하고 물으니 "아주 뜨거워요" 하셨던 것이구나. 나는 그것이 자신을 조롱하는 물음을 가볍게 넘기려는 농담인 줄 알았다. 그렇게 할아버지는 뜨거운 영혼이었구나.

'눈동자처럼 보호해주신다' 는 말에는 거의 울 뻔했다. 역시 우리 하나님이시구나… 온 세상이 미쳤다고 생각하는 그를 그렇게 지키시고 중심을 헤아리신다. 마음에 감격이 일었다.

"진정 성령의 도구요 불덩어리였습니다. 성령님이 시키시는 대로 움직이고 전도하신 분입니다. 너무나 놀라운 체험들이 있었지요. 그런 분을 알아보지 못하고 미친 사람이라 욕해도 그저 웃으시고, 기도해주시고… 늘 웃음으로 대하고 일절 미움이 없으신 분이죠."

진정 사랑하는 이에 대한 고백 같기도 하고 존경의 념(念)을 가득 머

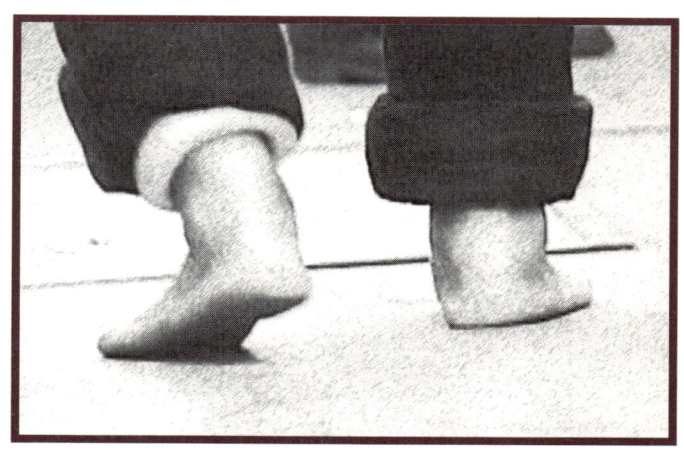

'하나님이 자랑하고 싶은 사람'
그것은 나의 소망이자
외로운 다큐멘터리 작업으로 이루고픈 꿈이었다

금은 멈출 수 없는 뜨거운 웅변 같기도 했다. 도중에 말을 할 수도 없었고, 숨을 쉬거나 끊기조차 힘들었다.

"어떻게 그런 용서와 사랑이 가능했을까요?"

나는 빈틈을 헤집고 들어가 간신히 질문을 했다.

"속죄贖罪의 은총에 깊이 들어가신 것입니다. 죄인인 자신을 용서해 준 그 사랑이 너무 커서 다른 사람을 사랑하지 않을 수 없다고 늘 말씀하셨지요."

문득 할아버지 집에 찾아갔을 때 벽에 적어놓으신 장난스러운 글귀가 떠올랐다.

'웃끼(기)만 하면 된다', 'Don't worry, smile be happy.'

개구쟁이들의 사진이 가득한 신문지 위에 장난스레 써놓으신 글들이 그런 깊은 의미를 담고 있었구나. 정신이 나갔다고, 이상하다고 조롱해도 천국의 아이 같은 착한 마음으로 용서해주셨구나. 그래서 만나면 그토록 친근하고 편안했구나.

"제가 찾아뵙고 제대로 말씀을 듣고 싶습니다."

그렇게 하지 않으면 온종일 말씀을 멈추지 않으실 것 같았다. 조신원 선생은 너무나 감격하여 실례를 했다며 사는 곳을 알려주었다. 수화기를 놓은 후 영혼이 어지러울 지경이었다.

갑자기 재덕 형제가 찾아온 까닭이며, 제자 분의 전화가 분명 무슨 연관이 있다는 생각이 들었다. 하나님이 정말 할아버지를 자랑하고 싶어 이러시는 것일까. 그래서 구하자마자 급하게 표징을 주시는 것일까.

창밖에 후두둑 겨울비가 흩뿌리고, 나는 먹먹한 사념思念의 긴 날갯짓으로 허공을 날고 있었다.

황혼처럼 진한 의문 ──

다시 〈가난한 자〉로 돌아왔다. 기철이 형은 틈틈이 만나서 작업을 하기로 했다.

겨울의 막바지에 예수전도단에서 하는 청소년 겨울 캠프에 초청을 받았다. 그곳에서 아이들과 할아버지에 대해 나누고 다른 곳에서 그랬듯 맨발로 함께 밖으로 나왔다. 나는 영상과 간증을 나눈 후에는 어디서든 맨발로 나가자는 제안을 했다. 인생을 내던진 선교사 후보생들은 물론 가슴 뜨거운 대학생들, 중고등 학생들에게 얼음장처럼 차가운 맨땅을 심지어 눈이 내리는 날에도 신을 벗고 걷자고 제안했다. 내가 제안하면 처음에는 대부분 당황스러워했다. 그러나 내가 먼저 맨발로 나가면 어느새

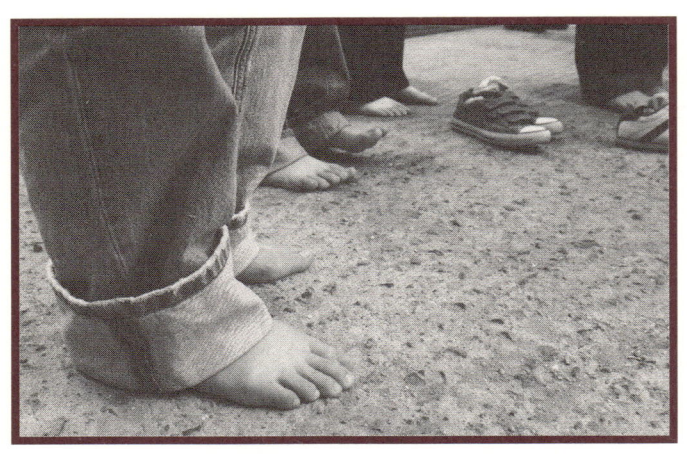

발 시렵지 않아?
아니요, 주님 생각하면 참을 수 있어요
그래, 주님을 생각하며 이겨보자

따라오기 시작한다.

"발 시렵지 않아?"

"아니요, 주님 생각하면 참을 수 있어요."

"그래, 주님을 생각하며 이겨보자. 고난은, 십자가는 불행이 아니야. 가장 행복하고 짜릿한 거야."

새까맣게 어린 후배와 대화를 나누며, 겨울의 꽁꽁 언 땅에서 어쩌지 못하고 발을 동동 구르면서도 같이 손을 잡고 〈축복송〉을 불렀다.

때로는 너의 앞에 어려움과 아픔 있지만
담대하게 주를 바라보는 너의 영혼

지쳐 보이던 아이들의 얼굴에 생기가 돌았다. 어린 동지들을 축복하고 주님의 제자로 살기를 다짐하고 돌아가려는데 누군가 나를 만나고 싶다고 했다.

"청소년 담당 조영숙 간사입니다. 팔복을 보고 감독님께 꼭 소개하고 싶은 사람이 있었습니다. 혹시 조은령 감독이라고 아세요?"

조은령… 낯설지만은 않은 이름이다.

"〈스케이트〉라는 단편영화를 만든…."

그제야 이름이 확연히 떠올랐다.

"아, 기억납니다. 그 분은 돌아가신 줄 아는데…?"

"네, 2년 전에 불의의 사고로 주님 품으로 가셨지요. 조은령 감독 어머니와 팔복을 보고 나서 감독님을 만나야겠다고 얘기했습니다. 꼭 상의할 일이 있어서…."

뜻밖이었다. 조은령 감독은 뉴욕대 영화과를 나와 〈스케이트〉라는 단편으로 칸영화제에 초청을 받은 사람이다. 언젠가 그녀의 인터뷰 기사를 본 적이 있는데 "내 영화의 감독은 성령님이시다"라고 답한 것이 특이해서 인상에 남았었다. 내색은 안 했지만 나 또한 내 작업의 기획과 캐스팅, 연출, 그 모든 것은 예수님으로부터 온다는 확신으로 살았고 체험했었다. 그것을 입증한 것이 〈가난한 자〉이다. 이것은 기획부터 마지막 연출 그리고 배급까지 주님의 손 안에서 이루어졌다.

몇 년 전, 조은령 감독이 예상치 못한 사고로 숨졌다는 기사를 인터넷에서 접하고 안타깝게 생각했었다.

"그 분에 대해서 저와 어떤 걸 상의하시려는 건지?"

"조은령 감독은 정말 하나님나라의 소망을 품고 열심히 영화를 만들어왔는데 완성도 못한 채 갑자기 주님의 부르심을 받았습니다. 같이 기도하고 작업에 참여했던 우리는 물론, 부모님의 아픔은 이루 말할 수가 없었지요. 무엇보다도 조 감독이 품었던 진실한 열정이 너무나 쉽게 잊혀지는 것이 안타까웠는데 팔복을 보고 나서 조 감독을 알리는 것에 대해 감독님과 상의하고 싶었습니다."

나를 만나려는 의도를 알 수 있었다.

"제가 도울 일이 있다면 도와야지요. 언제 뵙지요."

그렇게 약속하고 서울로 돌아왔다. 돌아오는 길에 약간 뜬금없는 생각이 들었다. 하나님나라를 향한 열정을 품고 헌신한 사람을 왜 어이없이 데려가신 것일까. 그런 의구심이 든 것은 그때 붙들고 있던 어떤 작업 때문이었다.

그때 나는 평양과학기술대학의 홍보영상을 만들고 있었다. 함께 하나님나라의 비전을 나누던 연변 과기대 교수들의 요청으로 그 일을 하게 되었다. 내가 주목한 것은 평양 과기대 건설현장에서 발견된 종탑이었다. 알고 보니 그 현장이 1866년 평양 대동강에서 성경을 전하다가 순교한 토마스를 기념하는 교회가 있던 자리라고 했다. 그 말을 듣는 순간 나는 감전되듯 가슴이 떨렸다.

"단순히 평양에 대학 하나 건설하는 의미가 아니라 동양의 예루살렘이었던 평양성을 회복하는 부흥의 의미로 기도하며 학교를 만들어가고 있습니다. 그런데 그 현장이 토마스의 순교 기념 교회 터라는 말을 듣고 정말 소름이 돋을 정도로 하나님의 섭리가 오묘하다는 생각을 했습니다."

평양 과기대 설립 부총장인 정진호 교수가 말했다. 그런데 순교한 토마스 역시 꽃다운 스물일곱 젊은 나이로 그토록 소망했던 조선 땅에서 선교를 제대로 하지도 못한 채 대동강 가에서 목이 잘려 죽었다.

'부흥'이라는 주제에 사로잡혀 다큐멘터리를 만들던 나는 토마스의 고향인 영국 웨일스를 찾아간 적이 있다. 그의 아버지가 사역하던 하노버 교회 앞 공동묘지에 토마스의 묘비만 없는 풍경이 가슴을 쓸어내리게 했다. 그가 순교한 대동강 가, 지금의 평양 과기대 터 근처 어딘가에 묻힌 것이다.

토마스에 대한 촬영을 하면서, '하나님을 향해 살고자 한 영혼을 왜 이렇게 일찍 데려간 것일까?' 하는 의문이 들었었다. 그런데 조은령 감독도 그런 것이다. 나는 갑자기 찾아온 이 의문이 어떤 놀라운 의미를 품고 내게 다가온 것이라는 걸 그때는 전혀 눈치 채지 못했다.

황무한 땅을 일구는 선지자 ──

오랜만에 신촌역에서 기차를 탔다.

〈가난한 자〉를 만든 이후 나의 삶은 가난하지 못했다. 일에 관한 한 너무나 부요하고 분주해진 것이다. 오랜만에 타보는 경원선, 한적한 기차 안에서 읽고 있던 《우치무라 간조의 삶과 사상》을 다시 펼쳤다. 어느 문장에 붙들려 더 나아가지 못하고 접어놓은 페이지가 열렸다.

나 자신은 일본의 영적 토양을 개척하는 데 만족합니다. 내 임무는 수확하는 것이 아니며 씨를 뿌리는 것도 땅을 가는 것도 아닐 것입니다. 나의 임무는 파고드는 것, 비옥하지만 굳어 있는 토양을 부수는 것이라고 봅니다. 나는 '기쁨으로 그 단을 묶을 임무'를 내 뒤를 이을 동포들에게 맡길 것입니다. 이것이 내 사역의 결과로 유일하게 기대하는 것입니다.

미국 유학을 마치고 돌아와 성경을 가르친다고 학교에서 쫓겨나 변두리 학생들에게 예레미야의 애통을 가르쳤고, 주변의 반대와 결혼의 실패를 겪고, 병마와 싸웠던 젊은 우치무라는 그렇게 자신의 존재 이유를 매김했다. 그는 '씨를 뿌리는 것도 아닌, 그 이전에 굳은 일본인의 토양을 부수는 것'이 자신의 사명이라 한다. 나는 이 문장에서 솟구치는 어떤 격정에 몸을 떨었다.
'20대의 청춘이 어찌 그런 본질을 탐구했는가. 어찌 그리 아무도 모르는 밭갈이에 자신을 드리려 했는가.'
나도 모르게 울음이 솟구쳐 올랐지만 꾹꾹 눌러 막았다. 후에 결실하는 이조차 알아채지 못하는, 아무도 알아주지 않을 그 사명을 기쁨으로 '파고드는 것', 황무한 땅을 일구는 씨 뿌림의 풍경들, 그 심정적 이미지가 나의 눈물샘을 자극한 것이다. 문득 릴케의 시가 떠올랐다.

나의 투쟁은 그리움에 몸을 바치며
일상적인 나날에서 벗어나는 것
강하게 넓게 수없이 뿌리를 펴고
생을 깊이 파고드는 것
수많은 괴로움에 몸을 태우며 참담게 성숙하여
목숨과 시간에서 멀리 벗어나는 것!

― 릴케, 〈나의 투쟁〉 중에서

'지극히 작은 자 하나'의 풍경을 찾아 뒷골목을 떠돌면서 나는 이 시를 무심히 읊조리곤 했었다.
'나의 이 투쟁은 본향을 향하는 지독한 그리움에 몸을 실어 나날이 방랑하는 것이다.'
그때에도 나를 사로잡는 문장은 "생을 깊이 파고드는 것"이었다. 그러나 나에겐 도무지 그 깊이가 다가오지 않았다. 언제나 내 누추함만 붙들고 있는 자신이 부끄러웠고, 나를 넘어서지 못하는 피상성皮相性이 아프기까지 했다.

우치무라도 20대에 자신의 임무가 "파고드는 것"이라 했다.

그런데 그는 아무도 알아주지 않는 일본인들에게 하나님의 본질이 뿌려지기까지 묵묵히 '토양을 개척하는 일'이 자신의 비전이요 영토라 한다. 순간 마치 우연처럼 연상되는 시가 있었다.

내가 으스러지게 설움에 몸을 태우는 것은
내가 바라는 것이 있기 때문이다.
— 김수영, 〈거미〉 중에서

우연의 일치일까? 아니면 수영이 릴케를 흉내 낸 것일까?

릴케는 "수많은 괴로움"에 몸을 태웠고, 수영은 "으스러지게 설움"에 몸을 태웠다. 표현이 너무나 닮아 있다. 이 두 시는 30대 초반부터 내 비망록에 언제나 새겨지곤 했었다.

"나는 무엇에 몸과 영혼을 태워야 하나요?"

푸르러도 여전히 공허하던 하늘을 향해 묻던, 내 서러운 30대 언저리가 자꾸 떠올랐다.

"나는 그리스도의 풍경을 찾는 데 내 청춘을 다 태우겠습니다."

그렇게 아무도 모르는 고백을 키우며 떠돌던 여정 가운데 최춘선이

나는 그리스도의 풍경을 찾는 데 내 청춘을 다 태우겠습니다
그렇게 아무도 모르는 고백을 키우며
떠돌던 여정 가운데 최춘선이란 친구도 만난 것이다

란 친구도 만난 것이다. 기도의 응답이라 여겼지만 마음이 우울하다.

'중요한 인터뷰를 하러 가는 길인데… 자꾸 이렇게 마음이 추락하면 큰일인데….'

나란 존재는 왜 이리 연약한가. 그때 맞은편 좌석에서 수다를 떨던 아주머니 한 분이 갑자기 다가왔다.

"저, 김우현 감독님 아니세요?"

이 아주머니가 나를 어떻게 알고 있는가.

"그런데요. 어떻게 저를…?"

"저희 교회에 오셔서 간증을 하실 때 보았습니다. 너무나 큰 감동이었어요. 정말 많이 울고 은혜받았습니다. 촬영하러 가는 길이세요?"

"네, 최춘선 할아버지의 제자를 만나러 가는 길입니다. 그 분에 대한 새로운 사실들을 알게 될 것 같아요."

"정말요? 너무나 기대됩니다. 정말 중요하고 귀한 작업을 하시는 거예요."

그러면서 음료와 비스킷을 건넨다.

"힘내시라구요."

순간 거짓말처럼 마음이 안정되고 힘이 솟았다. 그릿 시냇가의 엘리야에게 까마귀가 보내준 떡과 고기인 양 나는 작은 비스킷을 꼭 붙들고 있었다.

"우리 하나님이 무심하지 않으십니다."

영하의 날씨 속에 셔츠만 입고 마중 온 조신원 선생이 말했다. 소처럼 큰 눈망울에 눈물이 고이는 듯하였다.

"최 목사님을 드러내신 분은 분명 우리 하나님이십니다. 그 분의 감추인 진면목을 진정으로 아실 분은 하나님뿐이시거든요."

여전히 벅찬, 참을 수 없는 감격으로 할아버지에 대한 증언을 쏟아 놓기 시작했다.

"진실이 빠지면 신앙이고 애국이고 소용없다고 늘 경계하셨죠. 일생을 천국혼天國魂과 애국혼愛國魂으로 사신 분입니다. 최 목사님께 복음을 들었던 어느 젊은이가 월남전에서 지뢰가 터져서 다 죽고 구사일생으로 혼자 목숨을 건졌다고 편지한 적이 있어요. 그 편지를 받고는 하나님 앞에 떨려서 견딜 수 없다며 통곡을 하셨습니다. '다 내 책임이다. 이 못난 선배를 둬서, 내가 하나님 앞에 범죄를 해서 후배들이 남의 전쟁에서 고통을 당한다' 고 눈물로 애통해하셨지요. 그렇게 하나님 앞에 두려움으로 사신 분입니다."

늘 강한 모습과 자상한 모습만 보았는데, 그렇게 우셨다니 상상이 안 됐다. 할아버지도 '애통하는 분' 이셨구나… 가슴이 아렸다.

"한번은 한남동 고가도로를 달리는 버스에서 전도하다가 버스 기사가 떠밀어서 축대로 떨어지셨어요. 돌아가신 줄 알고 근처 병원으로 옮기는데 발가락이 움직이더랍니다. 죽음의 문턱에서 한참 후 깨어나셨을 때 제일 처음 하신 말씀이 뭔지 아세요?"
"뭔가요?"
"예수천당!"
역시 할아버지답다.
"그러시고는 갑자기 자기를 떠민 버스 기사를 찾으시더랍니다."
"왜요?"
"용서해주어야 한다는 것입니다. 운전사가 얼마나 괴로워하겠느냐는 거예요. 주님께서 나 같은 죄인을 용서해주셨는데 무조건 용서해주어야 한다는 것이지요. 몰라서 그런 거니까 용서하자고 죽음에서 깨어나셔서 제일 처음 하신 게 그것입니다. 그때부터 몸이 안 좋으셨는데 주변에서 말려도 기어코 목발을 짚고 전도를 나가셨지요."
'아, 그렇다면 내가 1995년 7월, 처음 할아버지를 뵈었을 때 목발을 짚고 계시던 것이 그 때문이었구나. 그런 상황에서 용서를 하시고 그런 몸으로 전도를 나오신 것이다. 주님의 십자가를, 그 사랑의 은총을 전하고 실천하기 위하여… 미치광이 소리를 들으며 비웃음과 조롱에 떠밀리며 아무도 알아주지 않는 하늘의 진실을 품고서….'
이런 벅찬 천국의 증언들을 들어서였을까 돌아오는 길에 내 영혼이 왜 그리도 휘청였던가 하는 생각이 들었다.

잊혀진 진실 ──

며칠 후 조은령 감독의 어머니와 후배들이 찾아왔다.

"하나님나라를 위해 살겠다고 헌신했는데, 그 길을 가기 위해선 버려야 할 것, 힘겨운 일들이 너무 많았습니다. 다른 길을 가야 하나, 제가 고민할 때에 은령 언니를 통해서 많은 위안을 얻었습니다. 조은령이 있다면 나는 이 길을 같이 갈 수 있겠다는 일종의 역할 모델이었지요. 언니는 나보다 더 많이 포기하고 희생하며 황무지에서 하나하나 일구어갔거든요."

영화라는 것으로 하나님나라를 꿈꾸다가 예기치 않게 너무 짧은 생을 마감해야 했던 조은령 감독. 그녀의 후배들은 전문적으로 영화 작업을 해왔던 것이 아니라 대부분 우연히 조은령 감독을 만나 그의 진실에 감동하여 같이하게 된 것이다.

"저럴 필요가 있을까 싶을 정도로 한 순간, 한 스텝step을 성령님께 묻는 사람이었습니다. 작업을 하면서 막히면 두 시간, 세 시간을 기도했습니다. 예수를 믿지 않는 스태프들이 기다리고 있어도…."

참 특이한 감독이라는 생각이 들었다. 솔직히 나는 그렇게 오랜 시간 기도하면서 작업을 해본 적이 없다. 뉴욕대 영화과를 나온 재원才媛이

영화라는 것으로 하나님나라를 꿈꾸다가
예기치 않게 너무나 짧은 생을 마감해야 했던 조은령 감독

영화에 경험이 없는 친구들과 하나님나라를 공유하면서 간절히 기도하며 성령의 인도로 영화를 만들었다는 게 신기하고 놀라웠다.

"조은령 감독은 왜 그렇게, 무엇을 구한 것인가요?"

나는 우문愚問인 줄 알면서 물었다.

"자신이 하나님과 가까이 있다고 느끼지 못했을 때 늘 힘겨워했습니다. 언니가 가진 학벌이나 경력, 현실적인 것들을 보고 주변에서 기대하는 것이 많았지만 언니는 그런 것들을 자랑하지도 의식하지도 않고 오직 그 속에서 하나님의 뜻을 구했습니다. 자기 영화가 곧 '선교'라고 생각했기 때문에 그것을 통해 하나님나라가 담겨지고 전해지길 간절히 소망한 것이지요."

'자기 영화가 곧 선교'

어찌 보면 상투적이고 흔한 말이다. 그런데 상투성을 넘는 어떤 진실한 감동이 그 말 속에서 묻어났다. '그 속에서 하나님나라가 담겨지길 소망한다'는 말이 절절한 무엇으로 전해졌기 때문일까.

조 감독은 결혼 6개월 되던 때에 하나님이 주신 통일의 부담을 안고 재일 조선인 학교에 대한 영화를 제작하던 중 홀로 집에서 실족사 했다. 정말 어이없는 안타까운 죽음인 것이다. 주님이 십자가를 지고 죽으셨을 때 제자들이 겪은 상실감, 다시 낙향하는 제자들의 허무함… 나는 그것이 이들에게 있음을 느꼈다.

"하나님께서 조 감독에게 통일에 대한 마음을 강하게 주셨습니다. 처음에는 그렇게 분단을 애통하는 모습이 이해가 되지 않았습니다. 왜 이렇게 아파하면서 기도할까. 연약한 자기 힘으로 어떻게 못하는 것인데 왜 혼자 힘들어하는가. 그런데 누군가 해야 할 일인데 아무도 하지 않는 다면 '하나님, 제가 하겠습니다' 하고 기도하는 모습을 보며 이해가 되었지요.

그때 시작한 영화 제목도 〈FRONTIER 프런티어〉 즉, '변경' 인데, 남들이 가지 않는 곳을 지향하는 것이었지요. '누군가 하지 않는다면, 나라도 해야겠다' 며 힘들지만 짊어지고 가려 했습니다. 황무지를 개척하는 심정으로…."

내가 알지 못하는 곳에서 남들이 지향하지 않는 풍경을 찾아 하나님나라를 향하던 영화감독이 있었다니… 안타깝기도 하고 감사하기도 했다.

'누군가 해야 할 일인데 아무도 하지 않는다면 제가 하겠습니다.'

그런 고백을 할 수 있음은 쉬운 경지가 아니다. 하나님나라에 대한 뜨거움이 채워져 있지 않다면….

"조 감독이 너무 쉽게 잊혀지는 게 안타까웠는데 감독님의 팔복을 통해 최춘선 할아버지의 삶을 보고 나서 '이분이라면 그 진실을 나눌 수 있겠구나' 하는 바람으로 찾아왔습니다."

그 말에 끌렸지만 약간 망설여졌다. 뜨거운 감동이 전해지는 이력이지만 한편에 방치해둔 〈애통〉 작업이 마음에 걸렸기 때문이다.

"저도 조 감독에 대해 관심을 갖겠습니다. 그러나 지금은 해야 할 작업들이 있습니다. 주님이 하라시면 그때 움직이겠습니다."

차마 못하겠다고 거절은 할 수 없었다. 그러나 진심으로 주님이 이 일을 연결하신 것이라면 결국 이루시리란 믿음을 가지고 있었다.

그로부터 며칠 후 겨울비가 억수같이 내리던 밤이었다.

하나님나라를 같이 꿈꾸는 국민대 연극영화과 이혜경 교수의 집에서 친구들과 기독교 문화를 주제로 토론을 했다. 나는 우연히 조은령 감독에 대해 얘기했다.

"비록 자신이 이루고 싶었던 꿈을 다 이루지는 못했지만 순수함으로 하나님나라를 구하면서 작업했던 영화감독이 있었다는 게 참 대단합니다. 그런 진실된 헌신들이 진정한 기독교 문화의 본질을 이룬다고 생각합니다."

얘기를 듣고 있던 이혜경 교수가 깜짝 놀라면서 말했다.

"감독님, 참 놀랍네요. 최근에 제가 어느 목사님을 만났는데 그 분이 어떤 사람 이야기를 했는지 아세요?"

"당연히 모르지요."

이 교수는 여전히 놀라운 일이라는 표정으로 말했다.

"김선일 형제예요."

순간 나는 정신이 멍해졌다.

"김선일이라면 이라크에서 살해당한…?"

"맞아요. 전 세계를 충격으로 몰고 갔던 김선일…."

순간, 그가 살려달라며 절규하던 영상이 불쑥 떠올랐다. 전혀 생각지 않고 묻어두었던 장면이다.

"아마 6월이 그 형제 일주기인가 봐요. 그런데 선일 형제와 같이 선교의 비전을 나누었던 친구들이 교회나 언론이 사건의 본질을 제대로 전하지 않은 것에 상처가 있나 봐요. 선일 형제의 죽음이 거의 잊혀져 가는 것도 안타까워하고…. 그래서 감독님을 만나고 싶어 하더라구요."

"저를, 왜요?"

"팔복을 보고 선일 형제의 잊혀진 진실을 감독님이 회복해주었으면 하는 것 같아요."

나는 더 할 말이 없었다. 창밖에 뿌리는 빗소리 때문인지 굉장히 묘하고 이상한 기분이 나를 짓누르고 있었다. 그것은 조은령 감독의 경우와 너무나 흡사한 상황이었다.

'주님이 이렇게 움직이시는 건가.'

그런 생각이 들었다.

"목사님과 친구들을 한번 만나보시겠어요?"

"그러지요. 한번 만나보고 싶네요."

다른 일이라면 작업에 방해가 될 것이라 여겨 만나고 싶지 않았을 터이지만 그것은 어떤 거역하기 힘든 기운이었다. 빗속을 달려 집으로 오는 동안 여전히 머릿속에서 지워지지 않는 살려달라는 절규가 메아리 치고 있었다.

'나는 살고 싶습니다. 나는 한국으로 돌아가고 싶습니다.'

고개를 흔들어 지우려 했다. 처참히 절규하던 영상을 나는 외면하려 했다. 너무나 가슴이 아파 보고 싶지 않았기 때문이다. 다큐멘터리를 만들며 다른 이의 상황과 그 영혼의 이면이 마치 내 자신이 그 상황 속에 있는 듯 동일시될 때가 많았다. 선일 형제의 경우도 그랬다. 그가 처한 공포와 두려움, 견딜 수 없는 고통이 전달되어 김선일이라는 이름만 나와도 회피했던 것 같다.

"주님이 이렇게 움직이시는 것인가요? 이 안타까운 희생들 안에 깃든 소망을 나누라 하시는 것인가요?"

더 이상 아무런 생각도 못한 채 늦은 겨울비 쏟아지는 깊은 어둠 속으로 기도만 내보낼 뿐이었다.

애통하는 자는 복이 있나니

복이 있나니…

낡은 찬송가 한 권 / 마지막 발걸음 / 뼈아픈 자책 / 하나도 잃지 않으시고
그것은 나의 것이다 / 슬픈 사내를 만나다 / 세상을 회복하는 하늘의 방법
작고 메마른 씨앗 하나

02

"우리가 천국을 향해 가는

모든 소망과 충성의 과정이 다 진정한 열매입니다.

만일 이 깨달음이 우리 안에 있다면 결코 절망하지 않아도 됩니다.

우리의 연약함과 작음에 실망할 필요가 없습니다."

낡은 찬송가 한 권

오랜만에 수원에 갔다.

기철이 형이 문득 생각났다. 유난히 많은 수원의 무속인들을 위해 기도하고 촬영했다던 스크랩북의 사진들과 '내가 사랑할 곳, 사마리아' 그 옆에 우두커니 써놓았던 문구가 떠올랐다.

'그러고 보니 형을 생각 안 하고 살았구나.'

〈애통〉의 주인공으로 작업을 하다가 도중에 그만두고 정신없이 다른 일들에 휘적휘적 떠밀려온 것이다. 왠지 미안했다.

최춘선 할아버지를 마지막으로 얼마간 모시고 있었다는 목사님에게서 전화가 왔다. 수원중앙침례교회에서 청각 장애인 사역을 하는 백종하 목사, 그는 할아버지의 아들 최바울 목사의 친구라고 했다.

"김 피디 님께 드리고 싶은 게 있어서 오시라 했습니다."

백 목사가 무언가를 내밀었다.

"최 목사님의 유품입니다."

할아버지가 남긴 유품, 가슴이 철렁했다. 일생을 다 내주고 맨발로 다니셨는데 유품이 있다니, 영혼까지 두근거리는 기분이었다. 그가 내민 것은 낡은 찬송가 한 권…

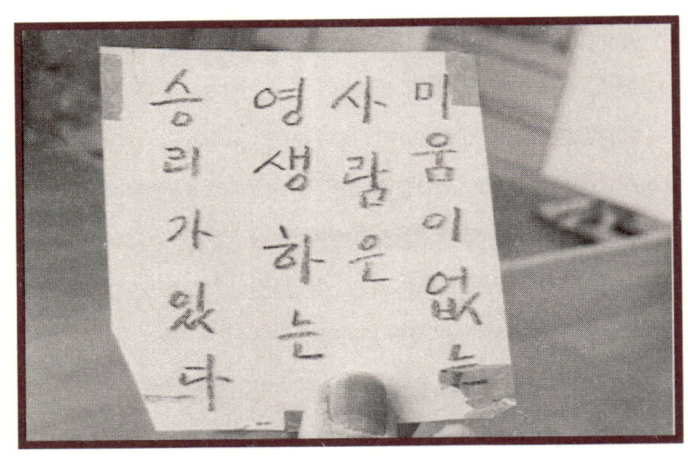

하루 천 시간이 있어도

우리 주님의 크신 사랑을 전하기에 모자랍니다

"그것 하나 남기시고 주님 품으로 가셨습니다. 날마다 찬송가를 우리 장애인들하고 부르시고 또 혼자서 늘 찬송을 하셨습니다."

"아니, 이런 귀한 걸 저에게 주십니까?"

나는 그것을 가슴에 안았다. 갖고 싶었다. 할아버지가 부르던 찬송, 이미 온몸으로 한평생 찬양과 경배의 산 제사를 드렸지만 그의 체취가 담긴 것을 갖고 싶었다.

"찬송가를 살펴보니까 돌아가시기 얼마 전부터 당신의 신앙 고백을 해놓으셨더군요."

찬송가를 넘기니 여기저기 할아버지의 익숙한 글씨가 보인다.

'하루 천 시간이 있어도 우리 주님의 크신 사랑을 전하기에 모자랍니다.'

그렇게 말씀하시며 전도문을 만드시던 모습이 떠올랐다. 버려진 종이 한 장에도 주님의 십자가와 사랑을 써서 전해주시던 그 열심이 찬송가에도 담겨 있었다. 할아버지는 2001년 8월 중순부터 찬송가에 날짜를 쓰시고 기록을 남기셨다. 434장 〈나의 갈 길 다 가도록〉, 제목만으로도 가슴이 뭉클했다. 그 여백에 2001년 8월 15일이란 날짜를 쓰시고,

예수 평화 나의 평화 빼앗을 자 없도다

내가 알지 못할 때에 나를 찾아 속죄해

그렇게 써놓으셨다. 이 찬송은 디모데후서 4장 7절 말씀을 근거로 지어진 것이다. "내가 선한 싸움을 싸우고 나의 달려갈 길을 마치고 믿음을 지켰으니", 그것은 당신의 지나온 여정을 회고하는 기록이었다.

온 세상이 이해 못하고 알아주지 않아도 결코 첫사랑을 잃지 않은 자신만의 싸움과 평화를 노래한 것이다. 죽음을 앞둔 슬픔과 후회가 묻어나지 않는 온전한 쉼이 느껴졌다.

131장 〈주 예수 나귀 타고〉란 찬송에는,

돌들도 입을 여러(열어) 예수 찬양

이렇게 한마디 툭 던져놓으셨다. 입가에 미소가 번진다.

"외람되지만 할아버지는 글씨도 참 귀엽네요."

심각하던 마음이 갑자기 밝아지며 할아버지의 모습들이 묵화처럼 번져왔다. 나귀 타고 오신 겸손하고 낮아지신 주님을 아이처럼 닮고자 그렇게 주시고 섬기시고 용서하시고, 그도 모자라 아무도 모르는 찬송가 한 귀퉁이에 슬쩍 고백해놓으신 것이다. 돌들도 입을 열어 그 사랑을 찬송해야 한다고.

'우주적 합창', 지극히 작고 단순해 보여도 그런 울림으로 느껴졌다. 가사들 또한 아이들의 마음으로 지어진 것이다.

주 예수 나귀 타고 시온 성 드실 때 수많은 아이들이 호산나 외쳤네
그 열성 보실 때에 주 받아주시고 그 환영하는 소리 참 기뻐하셨네
찬송가 131장 〈주 예수 나귀 타고〉 중에서

일생을 천국의 어린아이로 주님의 아름다우심을 전했던 할아버지…
그 모습이 너무 그리웠다. 할아버지는 천국을 사모하는 224장 〈저 요단강
건너편에〉의 제목을 '영생강 좌우에' 라고 바꾸어놓기까지 하셨다.

주가 부탁하신 모든 역사를 마치고 저 천국에 올라가 슬픔과 애통
이 없는 주님과의 만남을 노래한 요한계시록 22장의 내용이다.

할아버지에게 죽음은 요단강을 건너는 슬픈 것이 아니었던 모양이
다. 슬픔과 두려움과 애통이 느껴지지 않는다. 그 분에게는 그토록 바라
던 주님의 얼굴을 뵈옵는 영생의 기쁨의 날이다.

이 세상에 머물 동안 주의 일을 힘쓰며
주의 구원함과 은총 전하고
나의 생명 마치는 날 저 본향에 올라가
주의 얼굴 그곳에서 뵈오리
찬송가 224장 〈저 요단강 건너편에〉 중에서

이 글을 쓰신 날이 2001년 8월 26일이다. 그런데 특이한 기록이 있었다. 날짜 옆에 2001년 9월 8일 亡사망이라고 써놓으신 것이다.

"아마도 최춘선 목사님은 주님 앞에 가실 날을 알고 계셨던가 봅니다. 그걸 아시고 돌아가시기 얼마 전부터 이렇게 날짜를 쓰시고 신앙 고백을 남기셨던 것 같습니다."

백 목사의 말에 궁금한 게 있었다.

"혹시 할아버지가 돌아가신 날이 9월 8일인가요?"

"맞습니다. 팔복에서 마지막에 피디 님에게 손을 흔들어주고 가셨던 바로 그날이 9월 8일입니다."

숨이 멎을 것 같은 전율이 일었다.

"이렇게 당신의 가실 날을 아시고 기록을 남기셨군요."

별의 등불을 들고 어두운 순례 길을 나선 것처럼 견딜 수 없고 형용할 수 없는 감정이 밀려왔다. 이 세상의 누구도 알 수 없는 주님의 세계를 엿본 듯 가슴이 뭉클했다.

"정말 하나님 품에 가실 그날을 알고 계셨기에 그렇게 전도를 나가시려 했나 봅니다. 젓가락 하나 들 힘조차 없으신 분이 말려도 기어코 전도를 나가셨지요. 마지막 순간까지 주님을 전하기 위해…."

백 목사의 목소리가 은사시나무처럼 떨려왔다.

일생을 천국의 어린아이로

주님의 아름다우심을 전했던 할아버지…

마지막 발걸음 ──

    감격하는 우리 두 사람의 풍경 언저리를 부담스러운 표정으로 서성이는 이가 있었다. 백 목사의 사모였다.
    "우리 장애인 식구들을 사랑해주시는 최 목사님의 모습에서 저도 감동을 느낀 적이 있습니다. 하지만 저는 아직도 마음이 열리지 않는 것들이 있어요. 팔복 영상을 보아도 저분이 저렇게 사셨구나 하는 감은 있지만 꼭 저렇게 구약적으로 살아야 하나, 맨발로 이상한 모습으로 전해야만 하는가 하는 거부감이 여전히 있거든요."
    같이 지내면서 속앓이가 컸던 모양이다. 하긴 할아버지의 그런 행태를 누가 온전히 이해할 것인가. 이분의 마음에 맺힌 응어리를 풀어줄 답이 필요하다는 생각이 들었다. 할아버지의 마지막 얼마간을 모시고 있었으면서도 모두가 감동하는 맨발에 상처를 받은 채 산다는 건 매우 안타까운 일이다.
    "지혜를 주세요. 저 사모님의 마음을 풀어줄 주님의 지혜를…."
    속으로 구하는데 순간 떠오르는 무엇이 있었다.
    '그래, 보호색… 그것이다.'
    '보호색'이란 말은 할아버지의 제자 조신원 선생에게서 들은 것이다.

"할아버지는 맨발의 의미를 어떻게 생각하셨나요? 혹시 답해주신 적이 있나요?"

지난번 인터뷰 말미에 그렇게 물었었다.

"저도 언젠가 궁금해서 물었더니 '이것은 하나님께서 나에게 주신 보호색이야' 그러시더군요."

보호색이 무얼까. 왜 맨발을 그렇게 해석하신 것일까. 하지만 조신원 선생도 거기까지는 답을 얻지 못했다고 했다. 알아서 풀어보라는 뜻일 게다. 그날 밤 나는 어린이판 《맨발천사 최춘선 할아버지》를 쓰다가 보호색을 떠올렸다. 보호색은 짐승들이나 곤충, 식물들이 자신의 정체를 감추기 위해 색을 변조하는 것이다.

"주님, 왜 맨발이 그 분에게 보호색인가요? 깨달음을 주세요."

그렇게 구하는데 갑자기 산상수훈을 봐야 한다는 영혼의 푸른 발길질 같은 기운을 느꼈다. 산상수훈을 펼쳐 읽다가 나는 어느 대목에서 숨이 멎을 듯 얼어붙고 말았다. 마태복음 6장의 첫 구절에서 보호색의 의미를 한순간에 깨닫고 만 것이다.

사람에게 보이려고 그들 앞에서 너희 의를 행치 않도록 주의하라
그렇지 아니하면 하늘에 계신 너희 아버지께 상을 얻지 못하느니라

마태복음 6:1

'이것이 보호색이구나!'

마음 급한 싹들이 솟아나듯, 내 안에 그런 흥분과 외침이 있었다. '자기 의'를 드러내지 않기 위한 위장술, 감추임과 비움. 자신이 드려온 사랑과 충성, 헌신의 의가 사람에게 자랑이 되지 않게 하려고 '맨발'이라는 보호색에 주목하게 함으로써 자기 의가 감추이게 한 것이다.

오직 하나님께만 영광이 되게 하기 위하여….

뜨거운 눈물이 흘러내리는 것도 모른 채 나는 보호색의 본질에 어쩌지 못하고 있었다.

"이 종은 그 누구보다도 더 큰 자신의 하늘을 향한 섬김과 헌신이 드러나지 않도록 스스로 맨발이 되어 무시와 조롱거리가 되고, 광인의 행색으로 살아감으로 하늘을 기쁘게 했다."

그런 울림이 있었다.

> 그는 근본 하나님의 본체시나
> 하나님과 동등됨을 취할 것으로 여기지 아니하시고
> 오히려 자기를 비어 종의 형체를 가져 사람들과 같이 되었고
>
> 빌립보서 2:6,7

하나님과 동등하신 주님이 자신을 감추시고 종이 되어 죽기까지 섬

기시고 십자가를 지신 아름다움, 그것이 보호색이다. 이 영광스럽고 아름다운 본질 앞에서 나는 어쩔 줄 몰랐다.

　백 목사의 사모에게 보호색에 대한 깨달음을 전해주었다. 순간 찬찬히 듣고 있던 사모님이 갑자기 박수를 치며 감격하기 시작했다.

　"그랬구나, 그런 깊은 의미를 가지신 분이구나. 어쩐지 삶에는 감동이 있는데 왜 저러고 다니시나, 그것이 제게는 늘 걸림이었거든요. 그런데 보호색이란 말을 듣는 순간, 모든 게 풀렸습니다. 할렐루야!"

　보호색의 의미를 아는 순간 막힌 담이 허물어지고 자유가 찾아왔다. 주님이 지극히 작은 자들을 섬기는 이 여종의 마음을 위로하시려고 보호색의 의미를 나누게 하신 것이다.

　"자신을 감추는, 낮추고 종이 되는 것이 세상을 변화시킨다. 막힌 담을 열고 자유케 한다. 이것이 기독교의 본질이다."

　순간 겨울의 진통을 이기고 얻어낸 값비싼 봄 햇살같이 할아버지가 빙그레 웃으시는 환영幻影을 느꼈다. 석연치 않던 분위기가 순식간에 천국으로 변하고 감격과 눈물로 주님을 찬양하는 예배가 되었다.

　"이곳에서 예배를 드리시고 아무도 몰래 전도를 나가시곤 했지요. 어떤 때는 새벽기도를 마치시고 내의 차림으로 몰래 전도를 나가시기도 했어요."

집 문 옆에 장치는 없고 흔적만 남아 있었다
젓가락 들 힘조차 없으신 분이 이걸 어떻게 열고 나가신 거죠?

백 목사가 장애인 공동체 사역을 하던 집에 갔다. 할아버지는 이곳에서 지내는 마지막 얼마 동안 사고의 위험이 있기에 말리는데도 기어이 전도를 나가셨다고 한다.

"여기 보세요. 못 나가시게 장치를 세 개나 해서 막았는데도 그걸 다 뚫고 전도를 나가신 분입니다."

집 문 옆에 장치는 없고 흔적만 남아 있었다.

"젓가락 들 힘조차 없으신 분이 이걸 어떻게 열고 나가신 거죠?"

"그게 저도 의문입니다. 아마도 전도를 나가시지 않으면 안 될 어떤 절박함에 그렇게 하신 것이겠지요."

가슴이 뜨거워졌다. 여든이 훨씬 넘은, 거의 기력이 없는 노인이 전도를 나가려고 밖에서 막아놓은 문 장치를 부수는 장면, 그 안간힘이 마치 영화의 한 장면처럼 스쳐 지나갔다. 이 세상 어떤 영화가 그보다 더 강할까. 나는 그 분이 걸어나간 그 길들, 빈 겨울의 끝자락이 걸린 골목길을 촬영했다.

나의 달려갈 길과 주 예수께 받은 사명
곧 하나님의 은혜의 복음 증거하는 일을 마치려 함에는
나의 생명을 조금도 귀한 것으로 여기지 아니하노라

사도행전 20:24

바울이 노년에 한 고백이 생각났다. 언젠가 저 에베소 근처 밀레토 스밀레도를 찾아간 적이 있다. 죽음이 기다리는 예루살렘으로 기어이 가려는 바울이 마지막으로 에베소 장로들과 만나던 감격적인 장소를 찾고 싶었다. 바울의 마지막 설교가 끝나자 함께 목을 끌어안고 울던 형제들. 그때의 고고학적 장소는 결국 찾아내지 못했지만 나 또한 그런 감격으로 주님을 향해 가리라 다짐하던 정경이 떠오른 것이다.

"그날도 몰래 나가시다가 제게 붙들리셨지요. 사고라도 당하시면 어떻게 하시려고 하니까…."

"그랬더니 뭐라 하시던가요?"

"저를 보시며 '사명은 각자 각자야. 너의 사명이 있듯이 나의 사명이 있단다. 내 사명은 죽는 날까지 주님을 전하다가 그분을 뵙는 것이야.' 그러시더라구요. 그런 분을 붙들 수가 없어서 놔드렸는데…."

"그게 마지막이었군요."

"네. 그렇게 나가시고 다시 돌아오지 않으셨습니다."

자신이 주님 앞에 갈 그날을 이미 알고 있는 할아버지셨다. 그러니 아들 친구에게 사정이라도 해서 기어코 전도를 나가야 했을 터다. 죽는 그날까지 주님을 전하다가 그분의 얼굴을 뵙는 게 소원이므로. 달려갈 길과 주 예수께 받은 사명이 그것이므로. 눈물이 핑 돌았지만 겨울 바람 탓으로 위장하기 좋았다.

할아버지가 전도를 나오신 그날, 나는 지방에서 〈인간극장〉을 촬영하고 오다가 우연히 지하철에서 할아버지를 만났다. 오랜만에 만났는데 그전과는 달리 너무나 기력이 없어 보이셨다. 돌아가시기 직전이셔서 그토록 힘겨워 보였구나.

〈가난한 자〉의 마지막 만나는 장면이 그때 촬영된 것이다. 그날은 이상하게 처음으로 할아버지의 발을 만지고 싶었다. 무딘 육신에 비해 내 영이 할아버지의 마지막 날의 의미를 감지했던지 거친 발을 만지고 있었다.

오랜 순례 길을 마친 성자의 수염처럼 거죽만 남은 허허로움….

"통일이 오면 신겠다며 50년 가까이 조롱거리로 무시를 당하며 걸어오신 그 발. 이 세상 그 누가 이토록 진하고 처절하게 통일을 위해 산 제사를 드릴 수 있었을까."

발을 만지는 나를 보고 빙그레 애써 웃으시며 "충성은 열매 가운데 하나요"라고 하신 그 말씀은 결국 유언遺言이 되었다.

"젊은 친구, 이제 나 갑니다. 보고 싶었던 사랑하는 주님을 만나러 갑니다. 만나서 반가웠어요. 잘 있어요. 드러나지 않아도 이렇게 걸어온 충성이 나의 열매라오."

그렇게 손을 크게 흔드시고 떠나가셨다. 백 번을 넘게 그 장면을 다시 봤는데도 여전히 눈물이 스민다. 세상 아무도 알지 못했던 그날의 의

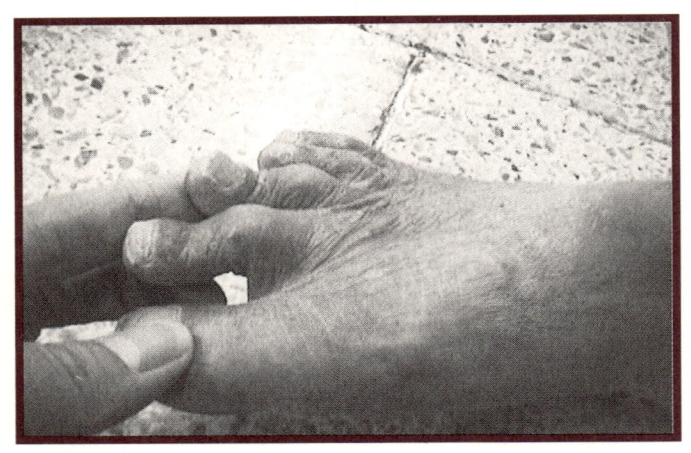

그날은 이상하게 처음으로 할아버지의 발을 만지고 싶었다

미, 오직 그리스도만이 아셨던 그날의 풍경. 그것은 그리스도가 연출한 하늘의 풍경이었다.

이 무익한 작은 종에게 주님이 '우현아, 세상은 아무도 모르지만 착하고 충성된 종이 오늘 내 앞으로 온단다. 마지막을 네가 기록해라' 하고 시키신 것이라 믿어졌다. 그것이 아니라면 도무지 해석이 되지 않는 것이다. 이 세상 어디에 있든 당신의 진실된 종들의 발걸음을 정확히 아시는 그분이 우리 주님이시기에….

뼈아픈 자책

다음 날 김선일 형제의 친구 심성영 형제와 뒤에서 도왔던 박에스라 목사가 찾아왔다. 이라크에서 사고가 났을 때 가장 많이 숨죽이며 안타까워했던 이들이다.

"선일이는 집이 어려워 거의 혼자 살았습니다. 그러면서도 우리와 같이 선교에 대한 꿈을 키우고 어려운 환경을 기도로 이겨내며 공부했습니다. 그런데 사건이 터지자 선일이를 잘 모르는 사람들만 언론에서 이야기를 하게 된 거예요. 그러다 보니 선일이가 품었던 비전과 꿈들은 묻힌 것이지요."

"왜 친구들이 나서서 얘기를 해주지 않았나요?"

박 목사가 설명했다.

"그때는 사건이 진행 중이었기 때문에 선일 형제가 선교의 비전을 품고 갔다는 게 알려지면 큰 문제가 될 거라고 생각했어요. 그래서 제가 말렸습니다. 우리는 곧 풀려날 것이라고 여겼는데 결국 처참하게 죽고 만 것이지요."

박 목사의 눈가에 물기가 서렸다. 온 나라가 그의 생존을 놓고 가슴 태우던 그때에 뒤에서 이들이 겪었을 가슴앓이가 전해지는 듯했다.

"아무리 친구들이라지만 경황도 없었고, 나중에 나서기엔 너무나 큰 사건이었습니다. 장례식에도 가지 못하고 텔레비전만 보면서 울어야 했습니다. 정말 피를 나눈 형제보다도 더 가깝게 지냈고 선교의 비전을 꿈꾸며 살아온 친구인데… 친구로서 그 죽음의 의미를 어떻게 나누어야 하나 고민만 하다가 팔복을 보고 피디 님을 만나고 싶었습니다."

참으로 묘한 기분이 들었다. 동일한 안타까움으로 세상을 떠난 조은령 감독도 팔복이 인연 고리를 만들었다.

'하늘에서 최춘선 할아버지가 조은령 감독과 선일 형제와 만나서 이런 일을 작당한 게 아닐까?

가슴 아픈 사연을 들으면서도 그런 농담이 떠올랐다. 어찌 보면 같은 비전으로 살아간 후배들이다. 그렇게 아파하며 갔는데 나는 아무런 힘이 되어주지 못했다는 자책이 들었다.

"일주기도 채 안 되었는데 선일이를 기억하는 이들이 거의 없습니다. 바라기는 억울하게 죽어간 선일이의 꿈들이 이제라도 나누어졌으면 해요. 흔히 생각하는 멋진 선교사로 죽지는 않았지만 그가 품었던 헌신과 사랑을 회복할 수 있는 마지막 기회를 하나님이 주셨다고 생각합니다."

친구들 역시 가슴에 상처와 응어리가 많았다. 그러나 내가 그것을 풀어줄 장본인인가 하는 확신은 없었다. 자꾸만 〈애통〉이 생각났다. 이들 안에도 애통이 스며 있다.

기철이 형을 만나지 않은 지도 꽤 오래되었다. 이러다가 작업을 영영 못하게 될 것이란 불안함이 있었다.

"작업하시는 데 참조가 되었으면 해서 가져왔습니다."

성영 씨는 비디오테이프 하나를 내놓았다.

"어떤 내용인가요?"

"1994년 겨울, 20대 때 선교를 꿈꾸던 친구들과 수련회를 갔는데 선일이가 기도제목을 내놓는 장면이 우연히 찍혔습니다. 그 장면을 보시면 선일이가 품은 꿈을 알 수 있습니다. 그리고 성경 퀴즈도…."

"선일 형제가 성경 퀴즈를 잘했나요?"

"너무나 놀랍더라구요. 성경을 거의 외우다시피 해요."

박 목사가 거들었다.

"선일이는 워킹 바이블Walking Bible이었습니다. 찾기 어려운 성경 구절은 선일이에게 물을 정도였어요. 그리고 날마다 기도를 참 많이 했습니다."

"무슨 기도를 했나요?"

"본인이 죽음을 각오할 선교는 못할 거란 걸 잘 알고 있었지요. 어릴 적부터 모슬렘 선교를 꿈꾸었지만 늘 자신 없어 했습니다. 그래서 항상 기도 부탁을 해왔지요."

"왜 그렇게 자신 없어 했지요?"

무척 궁금했다. 쉽지 않은 모슬렘에 대한 비전을 키우면서 왜 스스로를 자신 없어 한 것일까.

"매우 겁이 많고 소심한 성격이었습니다. 뜨거운 물에 손을 넣는 것조차 겁을 냈으니까요. 현실에 대해서도 두려움이 많았습니다. 일부에서는 죽는 순간까지 왜 예수를 전하지 않았냐고 비난하는데, 선일이의 성격을 아는 우리로서는 가슴이 아픕니다. 선일이는 예레미야나 이사야가 아닙니다. 겁 많고 나약한 한 인간이 하나님의 뜻을 품고 진정한 선교사로 성장하기 위해 찾아간 것이지요. 결국엔 순교자로서 살아가야 할 선교사가 되기 위해서 말입니다."

울컥, 가슴이 흔들렸다. '나약하고 평범한 인간이 결국 순교자의 삶을 살기 위한 과정으로 그곳을 찾아갔다'는 말이 명치끝에 걸렸다. 갑자기 선일 형제가 친근한 동생처럼 느껴졌다. 이 연약한 후배의 고통을 내가 모른 체했구나. 뼈아픈 자책이 변두리를 떠도는 스산한 바람처럼 스쳐 갔다.

하나도 잃지 않으시고

"제가 너무 피곤해서 아무런 할 말이 떠오르지 않네요. 뭘 말해야 되지요?"

예수전도단의 수원지부 간사수련회에 참석했다. 간사들은 내 말에 농담처럼 웃어주었지만 사실이었다. 이른 아침, 강화도 깊은 산속에서 열리는 연세대 연합수련회에서 강의를 한 후 정반대 지점인 이곳 군포로 달려온 것이다.

"무엇을 해야 하나요?"

기도만 읊조리고 있는데 풀밭을 지나가는 도마뱀처럼 어떤 지혜가 갑자기 머리를 스쳤다.

"제가 무엇을 말하기보다 주님께서 지금 우리에게 들려주시고 싶은 말씀을 해달라고 부탁드리면 어떨까요?"

나의 제안에 간사들은 약간 당황스러워했다.

"우리의 필요를, 우리가 깨달아야 할 것을 주님이 가장 잘 아신다고 믿으시지요?"

"아멘."

"그렇다면 그것을 말씀해달라고 기도하는 겁니다."

엉뚱한 제안에 모두가 흥미로워했다.

너는 마음을 다하여 여호와를 의뢰하고 네 명철을 의지하지 말라
너는 범사凡事에 그를 인정하라 그리하면 네 길을 지도하시리라

잠언 3:5,6

나는 어릴 적부터 붙들고 있던 이 말씀을 어린아이처럼 붙잡고 기도했다. 그리고 간사들에게 무엇이든 질문하라고 했다. 그렇게 묻고 답하는 가운데 주님께서 당신의 말씀을 담아주실 것이라 믿었다.

"기다릴 거예요. 말씀해주실 때까지, 가혹한 말씀."

유행어를 동반해 가벼운 마음으로 시작하고 나서 최춘선 할아버지와

부흥에 대한 깨달음을 진지하게 나누기 시작했다. 그러다가 조은령 감독과 김선일 형제에 대한 이야기가 나왔다. 그들의 죽음에 대해 의미를 찾는 고민의 싹이 내 안에 자라고 있음을 느꼈다.

"도대체 그들이 왜 나에게 연결되었으며, 하나님나라에 대해 소망을 품고 살아온 사람들이 왜 어이없이 죽게 된 것일까요?"

그 말을 하는 순간, 어떤 형용 못할 깨달음이 엄습했다. 홀연한 바람처럼 나는 그것이 주님이 깨우쳐주시는 말씀임을 직감했다.

"마태복음 5장 산상수훈을 보면 옛 사람들은 십계명을 따라 살인하지 말라, 간음하지 말라, 그렇게 가르쳤지만 주님은 다시 말씀하셨습니다. 형제를 미워하는 것이 이미 살인이고 음욕을 품는 것만으로도 실제적인 간음이다. 무언가 죄를 행해야만 죄악의 실재實在가 아니라 행하지 않았어도 우리가 마음속에 품은 욕망, 소욕조차 곧 실재라는 것이지요. 그것이 하나님나라의 계수법計數法입니다."

나는 이 말을 하면서 아주 절묘한 깨달음에 도달해가고 있음을 직감했다. 며칠 동안 내 안에서 커지던 의문을 주님이 풀어주고 계셨다.

"그렇다면 조은령 감독이나 김선일 형제가 바라고 열매 맺기 원했던 것을 다 이루지 못하고 어이없이 갔지만…."

여기까지 말하면서 나는 가슴이 벅차고 떨렸다. 이것은 분명 주께서 조명하시고 깨우쳐주신 것이라는 분명한 확신이 들었다.

"반대로 생각해보라고 주님이 지금 저를 깨우쳐주십니다."

정말이지 이것은 예기치 않은 것이었다.

"마음에 품은 소욕, 곧 미움이 살인이고, 음욕이 간음이라면… 그 반대로 우리가 품은 하나님나라를 위한 소망과 꿈들도 다 실재라는 것입니다. 비록 겉으로 드러나는 결실은 안 보여도 그들이 하나님나라를 향해 품고 갔던 그 모든 것, 천국을 향한 소망과 기도와 헌신의 모든 과정들이 다 실재요 이미 열매입니다. 주님은 그렇게 평가해주시는 것입니다."

이것은 상상도 못했던, 하나님이 은혜로 주신 깨우침이었다. 이것을 믿을 수 있다면 조은령 감독과 김선일 형제의 죽음은 열매가 없는 허무한 것이 아니다. 그들은 이미 열매를 맺은 것이다.

"정말 우리에게 주시고 싶은 깨달음을 구한 응답인 것일까?"

희망의 푸른 천으로 짜여진 풀잎처럼 나는 몹시 흥분되었다. 비록 눈에 드러나는 결실이 없다 해도 '마음에 품은 것이 곧 실재' 라는 깨달음은 '코페르니쿠스적인' 영적 변화를 가능케 하는 것이었다.

"이 세상 어디에 있든지 하나님을 향해 진정한 소망을 품을 수만 있다면 주님은 그 열망들을 하나도 잃어버리지 않으시고 반드시 열매 맺으실 것입니다. 최춘선이라는 노인을 통해 그것을 입증하셨습니다. 그 분은 세상이 무시하고 조롱하는 길을 묵묵히 가셨습니다. 아무도 알아주지 않은 채 주님 품으로 가신 것이지요. 그런데 그가 남긴 충성들을 주님은 하나도 잃지 않으시고, 그가 죽은 후에 오히려 더 큰 열매로 바라던 소망을 이루어주셨습니다."

이것은 조은령 감독과 김선일 형제만이 아니라 세상 그 어디든 하나님나라를 위해 이름도 없고 빛도 없이 헌신한 모든 종들에게 소망과 위로가 되는 말씀이다.

'마음에 품은 것도 천국의 열매다. 비록 그 열매가 드러나지 않아도….'

실용주의적이고 실효성을 강조하는 세계에서는 변화의 결실이 드러나는 것만을 열매로 평가할 것이다. 그러나 주님은 다르시다. 얼마나 놀라운 소망인가!

"우리가 천국을 향해 가는 모든 소망과 충성의 과정이 다 진정한 열매입니다. 만일 이 깨달음이 우리 안에 있다면 결코 절망하지 않아도 됩니다. 우리의 연약함과 작음에 실망할 필요가 없습니다."

아직 간사들은 실감하지 못하는 표정이었지만 새로운 시야를 열어준 깨달음이었다. 천국을 향해 작은 걸음으로 묵묵히 걸어가는 세상의 모든 진실한 순례자에게 용기와 소망을 주기 때문이다.

돌아오는 길, 몸은 피곤했지만 마음은 충일감充溢感에 들떠 있었다.

"오늘 주신 깨달음에 비춘다면 조은령이란 영혼이 뿌린 진실의 씨앗은 사라지지 않는다. 김선일이란 연약한 존재가 하나님나라를 품고 드려진 모든 애통은 하나님나라의 씨앗이 될 것이다. 하나님이 그렇게 인정해주신다."

깊은 골짜기, 아무도 찾지 못한 비경秘境을 발견한 듯 내 안에 두근거리며 그런 외침이 일어났다. 그런데 '마음에 품은 욕망과 소욕도 실재다' 라는 깨달음은 갑자기 나온 것이 아니라는 생각이 들었다.

"아! 르네 지라르…."

순간, 그가 떠올랐다.

2004년 봄, 갑자기 부흥에 대한 연구를 해야 한다는 성령의 사로잡힘이 있었다. 솔직히 나는 부흥에 관심이 없었다. 성령의 역사에도 그다지 흥미가 없었다. 그저 무명無名으로 떠돌며 지극히 작은 자들을 통해 그리스도의 풍경을 만지는 것이 나의 꿈이었다. 그런데 어느 봄날, 갑자기 내 안에서 자괴감自愧感을 관통하는 회개가 쏟아졌다.

"죄송합니다. 제가 성령님을 무시했습니다. 사랑과 헌신, 그 역사를 알지 못했습니다."

그 회개도 갑작스러운 것은 아니었다. 나는 침례교의 펜윅이라는 선교사에 대한 다큐멘터리를 만들다가 내가 알지 못하는 하나님나라의 수많은 헌신자들을 알게 되었고, 6·25 이후 이 땅을 찾아오셔서 함께 울고 고통하며 위로와 사랑으로 섬기신 성령의 역사를 취재하게 되었다. 그것은 예기치 않은 것이었고, 교회사 자료를 찾아보아도 나오지 않는 것들이었다.

처참한 절망의 시절에 이름조차 모르는 시골 구석구석까지 찾아오셔서 일하신 하나님, 동네 이름조차 처음 들어보는 외진 곳에서도 처참한 현실을 뛰어넘는 강력한 성령의 역사들…. 슬픔과 고통과 절망을 위로하시는 그분의 역사가 있었음을 알고 놀랐다.

"아… 이렇게 알지 못하는 곳에서 그분이 일하셨구나."

그 역사를 알지 못한 부끄러운 통회痛悔가 나를 강타한 것이다. 물론 그 시절을 살지도 않았고 내가 관심 있어 했던 교회사의 그 어떤 곳에도 나오지 않는 얘기다. 당연히 모를 수밖에 없지만 이상하게 그것이 부끄러웠다. 나는 부끄러움을 부여안고 산에 올라가 기도했다. 그때 내 안에 울리는 거부할 수 없는 명확한 소리를 들었다.

'성령의 역사와 부흥에 대한 연구를 해라.'

나에게 연구란 곧 다큐멘터리 작업이다. 그렇게 하여 부흥에 대한 작업은 시작되었다. 어떤 거창한 부흥에의 열망에서 시작한 것이 아니라 성령님의 역사를 알지 못한 부끄러운 자괴감이 그 출발점이었다.

'1907년 평양 대부흥'에 대한 작업과 부흥의 진원지 영국 웨일스를 찾아 촬영을 하다가 케임브리지에 갔다. 그때 가이드를 해주어 후에 라영환 교수와 친구가 되었고, 그를 통해 여러 사람들을 만났다. 그리고 신학 박사 과정에 있던 한 분에게서 프랑스 학자 르네 지라르Rene Girard에 대한 얘기를 들었다.

"처음엔 다른 주제로 연구를 했는데 지도 교수님이 저에게 지라르를 읽어보라는 것입니다. 그냥 지나쳤다가 후에 읽어보고 나서 그 통찰력에 정말 놀랐습니다."

그 분은 자신의 신학적 연구에 대해 얘기를 했지만 나는 이상하게 지라르라는 특이한 이름이 마음에 남았다. 누군가 하나님을 향한 통찰력을 가졌다는 것을 그냥 지나치지 못했다.

"하나님나라에 대한 깊은 통찰을, 그 섭리에 대한 본질적인 이해의 부요함을 얻게 해주세요."

거의 하루도 빼놓지 않은 기도였다. 그래서인지 이상하게 지라르라는 사회 인류학자를 마음에 두게 되었던 것이다. 돌아와서는 서점에 갈 때마다 그의 책을 구하려고 애썼다. 어느 날 《나는 사탄이 번개처럼 떨어지는 것을 본다》라는, 제목조차 특이한 그의 책을 읽었다. 그런데 〈성서의 폭력 이해〉라는 대목이 놀랍게도 깨달음과 연결되고 있었다.

살인하지 말지니라 간음하지 말지니라
도적질하지 말지니라 네 이웃에 대하여 거짓 증거하지 말지니라
출애굽기 20:13-16

십계명은 여섯, 일곱, 여덟, 아홉 번째에서 심각한 폭력들을 금하면서 마지막 열 번째 계명은 특이하게도 앞의 것과 대조를 이루고 있다. 그것은 어떤 '행위'를 금하기보다 어떤 '욕망'을 금하고 있는 것이다.

네 이웃의 집을 탐貪내지 말지니라
네 이웃의 아내나 그의 남종이나 그의 여종이나
그의 소나 그의 나귀나 무릇 네 이웃의 소유를 탐내지 말지니라
출애굽기 20:17

지라르는 여기서 '탐내지 말라'로 번역된 이 말의 히브리어가 그냥 단순히 '욕망하다'라는 의미라고 보고 있다. 원죄의 근거인 금지된 과일에 대한 하와의 욕망을 가리키는 것도 이 말이라는 것이다. 십계명 중에서도 제일 긴 최고의 계명… 그저 소수에 해당되는 지엽적인 탐심을 금하는 것을 위해 하나님이 주신 것이 아니라는 것이다.

'하나님께서는 모든 사람들의 욕망, 그 자체를 문제 삼는 것이다.'

나는 지라르의 이 논지를 마음에 새겼던 것 같다. 하나님이 범죄의 실재적인 것만이 아니라 우리가 품은 '욕망'을 문제 삼는다는 것은 참 독특한 관점이다. 산상수훈에서 주님은 그것을 이미 간파하고 계셨다. 당시 유대의 지도자들은 하나님이 겉으로 드러나는, 죽이고 도둑질하는 것 외

에도 그 안에 이미 품은 욕망까지 명확히 보시고 문제 삼으신다는 것을 알지 못했다. 그래서 그들은 율법에 갇혔고, 주님은 그것을 지적하셨다.

'아, 그때 이것을 읽게 하신 이유가 있구나. 케임브리지에서 주님의 통찰력을 구하며 촬영할 때에 그 분을 만나 지라르를 염두에 두게 하신 것이 다 이유가 있었구나.'

순간 하나님의 측량 못할 섭리를 직면했다. 그런데 오늘 주님은 그런 탐욕을 바탕으로 하는 욕망의 실재만이 아니라 반대편에 있는 '천국의 소욕'을 깨닫게 하신 것이다.

이것은 지금까지 누구도 말하지 않은 것이다. 전혀 생각하지 않은 것이다. 천국의 소욕을 품는 것이 곧 기도요 선교요 열매다. 단순해 보이지만 놀랍기만 한 이 통찰은 갑자기 나온 것이 아니다. 부흥의 열망과 케임브리지에서의 만남… 지라르, 조은령, 김선일 등 여러 경로를 통해 내 안에 이에 대한 고민을 품게 하시고 종국에는 기도의 응답으로 주신 깨달음이었다.

"비록 크고 화려한 결실이 없다 해도 이름 없이 빛도 없이 당신의 나라를 위해 충성하고 희생해온 수많은 영혼들에게 이 깨달음이 얼마나 힘이 되는지요."

나는 벅찬 가슴으로 감사기도를 드렸다. 먼 들판의 외로운 풀꽃에 맺힌 이슬처럼 아무도 모르는 하나의 통찰을 주시기 위해 수많은 과정과 연결 고리들을 만들어가신다. 나는 문득 그것이 하나님의 방법이며 열심이라는 생각을 했다.

'하나님의 열심'

가슴이 뭉클했다. 이 땅에 당신의 열매를, 깨달음과 빛을 주시기 위해 세상이 알지 못하는 지난한 과정 가운데서도 힘써 일하시는 아버지. 그러므로 어떤 작은 몸부림과 헌신조차도 그 열심 가운데 포함된다.

> 내 아버지께서 이제까지 일하시니 나도 일한다
> 요한복음 5:17

하나님은 당신의 열심과 이름 없이 빛도 없이 드려진 수많은 헌신을 통해 당신의 역사를 조직組織해가신다. 이 소망이 있다면, 이 길을 안다면, 내가 삶의 한 모퉁이에서 내딛는 작은 충성 하나가 그분의 역사를 이루어가는 과정임을 믿을 수만 있다면… 아, 진정 이 믿음이 있다면 결코 절망치 않으리라!

"제가 그것을 알아보겠습니다. 하나님의 길들에 스민 측량 못할 섭리들을, 아버지의 열심과 눈물들의 의미를 만지도록 애쓰겠습니다."

그런 간구와 다짐이 저절로 솟아올랐다.

그것은 나의 것이다 ──

"정말 희한하네요. 어떻게 그 두 사람이 연결될 수가 있지요?"

며칠 뒤 강남역에서 조은령 감독의 후배들과 다시 만났다. 인터뷰를 하기 전 김선일 형제에 대해 말했다.

"최욱이라는 제 친구도 김선일 씨와 함께 이라크에서 일했는데, 그 친구가 아직도 사건에 대해 상처가 있는 것 같아요."

조은령 감독의 기도 멤버인 유승대 전도사가 놀라워하며 말했다. 더 놀란 것은 나였다. 약속 장소에 오기 전 조 감독의 후배인 채송이 전도사와 전화 통화를 했는데, 선일 형제 얘기를 하니까 매우 놀라면서 자기 친구가 그 사건에 연루되어 큰 고통을 겪었다고 말했다.

"어떻게 이런 연결이 가능할 수 있을까요?"

정말 놀라운 일이다. 조은령과 김선일. 전혀 상관없을 것 같은 두 사람을 내가 알게 된 것도 그렇지만, 그들의 친구와 후배들이 서로 연결되어 아픔과 상처를 공유하고 있음이 신기했다.

"언니에게 배우와 스태프들은 모두 전도 대상이었어요. 촬영이 끝나면 잠을 자고 다음 촬영 준비를 해야 하는데, 언니는 또 어디론가 사라졌어요. 찾아보면 혼자 구석에서 뜨겁게 기도하고 있는 거예요. 언니는 기도를 자신의 생명줄이라고 여겼지요."

소정 씨는 그 시절이 너무 그립다는 표정으로 말했다. 조 감독은 데뷔작〈스케이트〉가 세계에 알려져 주목을 받았다. 하지만 그녀는 자신의 재능보다도 작업 속에 임재하시는 하나님의 손길을 생명으로 여겼다.

"주로 만났던 장소가 교회 근처의 도넛 가게였거든요. 그곳이 영화사 사무실인 것처럼…."

"왜 항상 거기서 만났을까요?"

"돈도 없었지만 기도실이 있는 교회들 근처에서 만난 것이지요. 사랑의교회나 영락교회에서 기도하기 위해서 항상 근처에서 만났어요. 만나면 같이 울면서 기도하고 영화를 통해서 하나님이 기뻐하시는 일들이 일어나기를 구했지요."

조영숙 간사는 조 감독과 늘 기도했다는 사랑의교회 기도실로 나를 안내했다. 작은 골방에서 눈물로 하나님의 뜻을 구하며 자신에게 주신 영화라는 달란트에 그 나라의 진실이 담기기를 간절히 구하던 영혼. 그런데 소망을 만지기도 전에 가야 했다.

순간 조 감독이 애통해하며 기도하는 모습들이 떠올랐다. 그리고 하나님께서는 그것을 세상에서 가장 아름다운 예술, 영화로 보셨을 것이란 생각이 들었다. 누군가를 위해, 그 어떤 진실을 위해 울며 구하고 애쓰는 것보다 더 고귀한 예술은 없으리라. 그 진실한 애씀이 진정한 예술이라는 깨달음이 왔다.

"〈가난한 사람들〉이란 영화도 만들었지만 〈생生〉이라고 낙태에 대한 영화는 본래 '애통하는 자' 가 제목이었거든요."

나는 깜짝 놀랐다. 그녀도 〈애통하는 자〉란 영화를 만들었구나.

"어떤 의미로 영화를 만든 것이지요?"

"자신 안에 있는 애통을 담은 것이지요. 조 감독은 영화를 만들면서 소외되고 힘겨운 영혼들을 향한 관심과 애통을 멈추지 않았거든요."

뜨거운 증언들에 마음이 짠해왔다. 〈가난한 사람들〉, 〈애통하는 자〉. 조은령 감독도 팔복의 정신을 작품으로 추구했구나. 그녀의 깊은 갈망을 헤아리시는 주님이 팔복을 통해 그녀를 만나게 하셨는지도 모른다는 생각이 들었다.

"〈생〉을 기획할 때도 그렇고 그것을 '애통하는 자' 란 말씀에서 가져왔는데 모든 작품들이 말씀에서 출발합니다. 영화를 찍는다기보다 내면의 생각은 '나는 하나님의 쓰임을 받고 있다' 였습니다. 성령님이 하라고 하시는 일에 제대로 쓰이고 있는가, 그것이 늘 고민이었지요. 그래서 처음 만나는 사람이라도 신앙인이면 기도 부탁을 하고 기도편지를 꼭 보냈던 것이지요."

유승대 전도사가 말을 마치자 조영숙 간사는 조 감독의 기도편지 하나를 슬쩍 내밀었다. 거기에도 '애통하는 자' 의 가슴앓이가 스며 있었

그렇게 아파하며 열심히 씨를 뿌렸는데
결실도 이루지 못한 채 가야만 했다니…

다. 온통 하나님의 뜻을 이루기 위해 애쓰는 마음뿐이었다. '애통하는 자'… 자꾸만 그 말이 걸렸다. 동석한 규장의 여진구 대표와 갓피플의 조한상 사장도 나를 보며 웃었다.

그 웃음의 의미는 '혹시 〈애통〉의 주인공이 기철이 형이 아니라 조은령 감독이 아닐까?' 하는 것이었다.

솔직히 고백하자면 나도 자꾸만 그런 생각이 들어 회피하는 중이었다. 기철이 형을 찍는 일이 진행되지 않고 김선일 형제나 조은령 감독 같은 이들에게 자꾸 연결되는 것이 마음에 걸렸다. 어찌 보면 그들은 모두 처절한 '애통하는 자' 였다.

"통일에 대한 부담을 안고 만들던 〈하나를 위하여〉도 재일 조선인 동포 아이들의 소외된 현실을 주님의 마음으로 끌어안은 것인데, 그때 기도편지를 받으면서 가슴이 뭉클했어요. 그 일이 자꾸 어려워지는데 자기는 더욱 헌신해야 하는 고통, 기도할 곳을 찾아서 일본의 외진 땅에서 헤매는 마음, 그렇게 힘겹게 영화를 만들어간 것이거든요."

산들바람조차 쓰라리게 느껴지는 듯한 허허로움이 불쑥 공격을 해왔다. 그렇게 아파하며 열심히 씨를 뿌렸는데 결실도 이루지 못한 채 가야만 했다니… 그러나 이제는 공허하지 않다.

"그가 하나님의 도구가 되기 위하여 눈물로 씨를 뿌렸던 과정 자체가 영화라는 생각이 듭니다. 하나님은 진정 그렇게 평가해주실 것입니다. 헌신을 하나도 잃지 않으시고 기어코 열매를 맺으실 것입니다."

나는 그들을 위로했다. 그들이 이해하든 안 하든… '그의 진정한 작품은 그의 진실한 헌신'이다. '하나님나라를 향한 어떤 열망도 이미 결실'이다. 그러니 슬퍼하거나 절망해서는 안 된다. 그렇게 새로운 통찰을 나누었다.

밖으로 나오니 겨울의 밤바람이 볼을 아프게 때렸다. 허허로움이 추위조차 느끼지 못하게 했다. 여 대표, 조 사장과 길거리에서 얘기를 나누었다. 나의 작업을 마치 자기 일처럼 고민하고 기도해주는 친구들이었다.

"감독님, 아무래도 〈애통〉의 주인공을 주님이 바꾸라고 하시는 것 같은데요?"

여 대표가 흥미 있다는 투로 말했다.

"저도 그런 생각이 자꾸만 드는데…."

진지한 조 사장마저 맞장구를 쳤다.

"주님이 그렇게 하라시면 바꾸어야지요. 주님의 뜻이라면… 기도해보겠습니다."

나는 힘없이 대답했다.

나 무엇과도 주님을 바꾸지 않으리

다른 어떤 은혜 구하지 않으리

오직 주님만이 내 삶에 도움이시니
주의 얼굴 보기 원합니다

복음성가 〈나 무엇과도 주님을〉 중에서

영화 〈생〉을 만든 후 참 오랫동안 풀리지 않는 의문을 가졌었다. 분명 하나님이 주도권을 잡으셔서 시작한 일이었고, 그 과정 가운데 참으로 하나님의 도우심을 구체적으로 경험했는데 왜 아무런 결과가 없을까. 이 영화를 마치고 바로 〈인터뷰〉에 합류하게 되었었는데 끝날 때까지 1년 동안 아무런 가시적인 성과가 없었다. 정말 아무것도… 애써 만든 영화가 푸대접 받는 것 같아서 속상한 적도 여러 번 있었다. 하지만 이 글을 쓰면서 내가 이 영화를 통해 얻은 것이 참으로 많다는 것을 알게 되었다.

내 평생에 그 어떤 경험보다도 이 영화를 만들면서 예수님의 피와 하나님의 긍휼에 대해서 알게 되었다. 그것이 이 영화를 통한 가장 큰 상이며 자랑인 것 같다.

— 2001년 2월 27일, 조은령

돌아오는 길, 조 감독이 친구에게 보낸 기도편지 한 대목을 읽었다. 〈생〉이란 영화를 애써 만들었지만 아무런 성과가 없는 것에 대한 아쉬움과 그 과정에서 발견한 은혜를 담아내고 있었다.

나는 이 기도편지 하나로 그동안의 깨달음이 진정이며 조 감독도 그것을 이미 발견했다는 확신을 가졌다. 우리가 그토록 애쓰고 아파하며 가는 길은 결국 주님의 피와 십자가의 사랑을 알아가는 과정인 것이다. 그런 생각을 하고 있는데 안개가 걷히고 드러나는 수도원같이 어떤 장엄한 울림이 내 안에서 들려왔다.

'우현아, 팔복은 너의 프로젝트가 아니다. 그것은 나의 것이다.'

눈물이 핑 돌았다.

"주님께서 가라고 하시는 대로 가겠습니다. 다만 확증을 주세요."

나는 흔들리는 도시의 그림자를 뒤로 한 채 초라한 물통에 담긴 붓처럼 어쩌지 못하는 영혼으로 그렇게 기도할 뿐이었다.

슬픈 사내를 만나다 ──

다시 수원중앙침례교회에 갔다. 그 교회 대학부에서 〈가난한 자〉를 나누어달라는 요청이 온 것이다. 나는 청각 장애인 사역을 하고 있는 백

종하 목사도 만나볼 겸 일찍 교회로 갔다.

"세상에서 가장 아름다운 예배를 한번 보실래요?"

백 목사는 농아인 예배실인 4층으로 갑자기 나를 데리고 갔다.

"이분이 지난번 우리가 본 팔복, 그 맨발로 다니신 최춘선 목사님을 찍으신 피디 님이십니다."

그렇게 나를 소개하자 모두가 좋아하며 박수를 쳤다. 무엇보다 이런 분들과 팔복을 나눌 수 있음이 감사했다. 예상치 않은 인사를 하고 밖으로 나왔다. 막상 갈 데가 없어 우두커니 서 있는데 엘리베이터가 열리면서 나온 한 교인이 나를 보더니 놀란 표정을 지었다.

"김우현 감독님 아니십니까?"

"저를… 어떻게 아시나요?"

"지난번 '크리스천 영상 캠프'에서 강의를 들었습니다. 그러잖아도 연락드리려고 했는데…."

생각지 않은 만남이다. 나에게 연락을 하려고 했다는 말이 나를 더 당황스럽게 했다. 알고 보니 그는 교회에서 영상을 담당하는 집사였다.

"혹시 작년 10월에 카자흐스탄에서 순교한 김진희 선교사님을 아세요?"

"처음 듣는 이름인데… 잘 모르는데요."

"노무현 대통령이 카자흐스탄을 방문하기 전에 강도들에 의해 김

이 사내는 그토록 사랑한 아내를 잃고
어느 겨울 하늘 아래를 쓸쓸히 떠돌고 있는 것일까

진희 선교사님이 살해당했거든요. 남편 한재성 선교사가 한국에 와 있는데 아직도 아내를 잃은 상처가 크신 것 같았습니다. 얼마 전 만나고 그 분에 대한 영상을 만들기로 했는데 감독님을 만나 조언을 구하려고 했거든요. 그런데 여기서 만나다니 주님께서 인도해주셨나 봅니다."

나는 소름이 돋듯 놀랐다. 너무나 갑작스럽게 이루어진 일이지만 주님께서 연결시켜 주신 조은령, 김선일과 같은 맥락이었기 때문이다.

"그 선교사님은 지금 어떻게 지내시나요?"

"부인을 너무나 사랑하셨던 분인 것 같습니다. 아직도 그 죽음이 이해되지 않으신가 봐요. 너무나 안타까운 일이지요. 마음을 정리하려고 강원도 어디에 계시다고 합니다."

그러면서 그 선교사의 명함을 건네주었다.

'천국에서 해같이 빛나리'

명함 위에 그렇게 씌어 있었다. 그리고 아름다운 아내와 귀여운 어린 두 딸을 안은 한재성이란 이름의 선교사… 이렇게 네 식구가 해처럼 환하게 웃고 있었다. 눈물이 스몄다. 이 사내는 그토록 사랑한 아내를 잃고 어느 겨울 하늘 아래를 쓸쓸히 떠돌고 있는 것일까.

"왜 자꾸 이런 일들을 저에게 소개하시는 건가요?"

주님의 속셈을 알 수 없었다. 나는 집으로 돌아와 인터넷으로 한재성 선교사에 대해 찾아보았다.

2004년 10월 19일 노무현 대통령이 카자흐스탄을 방문하기 전인 9월 13일, 그곳에서 선교하던 한재성, 김진희 선교사 집에 강도가 침입했고 아내인 김진희 선교사가 피살당했다.

그런 기사가 많이 나왔다. 그러고 보니 뉴스를 접한 기억이 났다. 당시 보도가 크게 되었고 교회와 세상을 충격으로 몰아넣은 사건이었다. 그런데 나는 이미 그것을 잊은 것이다. 김선일을 까마득히 잊은 것처럼….

죽는 날까지 하늘을 우러러
한 점 부끄럼이 없기를
잎새에 이는 바람에도
나는 괴로워했다
별을 노래하는 마음으로
모든 죽어가는 것들을 사랑해야지
그리고 나한테 주어진 길을
걸어가야겠다.

오늘 밤에도 별이 바람에 스치운다.
— 윤동주, 〈서시序詩〉

단 한 번뿐인 생을 그렇게 만든 이들을 용서한다는 것…
그것은 윤동주의 '애통'이며, 진정한 '시詩'다

나는 윤동주의 이 시를 마음에 새긴 채 세상 모든 죽음과 아픔들에 대한 알리바이를 갖겠다고 어린 시절부터 다짐해왔었다. 그러나 나는 양심이 화인火印 맞은 무감각한 존재가 되고 말았다.

윤동주의 이 아름다운 시는 반 고흐가 그렇게 오해되었듯이 소녀들의 취향에 구속되는 낭만주의가 아니라고 믿었다. '잎새에 이는 작은 바람에도 괴로워하며', '모든 죽어가는 존재들을 사랑하려는' 그의 몸부림은 감수성 많은 문학청년의 낭만적인 제스처가 아니라고 믿었다.

나는 그것이 그의 신앙이며, 상상 못할 흑암 속에서 진실을 유지하려는 한 영혼의 뜨거운 애통이라고 생각했다. 윤동주에 대한 그리움으로 저 북간도 용정 땅을 몇 번 찾은 끝에 겨우 그의 무덤을 힘겹게 찾아가서야 나는 그가 왜 〈팔복八福〉이란 시를 이렇게 적어야 했는지 알게 되었다.

슬퍼하는 자는 복이 있나니
슬퍼하는 자는 복이 있나니
슬퍼하는 자는 복이 있나니
슬퍼하는 자는 복이 있나니
슬퍼하는 자는 복이 있나니
슬퍼하는 자는 복이 있나니
슬퍼하는 자는 복이 있나니

슬퍼하는 자는 복이 있나니

저희가 영원히 슬플 것이요
— 윤동주, 〈팔복八福〉

윤동주에게는 마태복음의 팔복 전부가 '슬퍼하는 자', 즉 '애통'이었다. 그전에는 왜 이렇게 썼는지를 이해하지 못했다. 그런데 용정 땅에 가서 그에 대한 가슴 저린 정보들을 촬영하면서 그 의미를 제대로 이해하게 되었다.

윤동주는 일본 유학 시절, 한국으로 귀국하던 중 체포되어 일제의 악랄한 생체 실험의 대상이 된다. 이 순전하고 아름다운 영혼을 왜 하나님은 그렇게 놔두신 것일까. 모진 고문을 당하고 짐승 같은 존재들의 마루타, 실험 대상이 되어 어이없이 죽어가면서도 그는 그들을 미워하지 않았다는 얘기를 들었다.

"감독님, 윤동주가 자기를 생체 실험한 일본인들을 용서했다는 것을 아세요?"

얼마 전 팔복을 보고 찾아온, 예수원에서 북한학교를 하는 권준석 형제가 말했다. 주님께서 그의 가슴속에 민족의 통일과 부흥에 대한 불덩이를 심어놓으신 듯했다. 팔복을 보고 최춘선 할아버지처럼 추운 겨울에도 맨발로 다니며 통일을 위해 기도한다고 했다. 나는 그것이 객기가 아님을 느꼈다.

"그들을 용서한 윤동주가 감독님이 말하는 애통하는 자가 아닌가 생각됩니다."

이상하게도 그는 몇 번이나 그 말을 했다.

'단 한 번뿐인 생을 그렇게 만든 이들을 용서한다는 것… 그것은 윤동주의 '애통'이며, 진정한 '시詩'다.'

나는 마지막 용서를 통해 그리스도의 제자로서 드려진 십자가로 인해 그의 시가 비로소 완성되었다고 믿었다.

"슬픔도 고통도 복이 되는 경지, 윤동주가 애통하는 자였군요."

그런 깨달음이 있었다.

비참하게 생을 마감했던 나이는 겨우 스물일곱, 그것도 너무나 억울하게 해방이 되던 해에 죽었다.

나는 방치된 윤동주의 처절한 고통에서 김선일을 보았고, 순수한 진실에서 조은령을 보았다. 나는 윤동주가 품은 애통에 대한 다큐멘터리를 만들려고 오랫동안 가슴에 품어왔다.

'이 세상 내가 알지 못하는 어느 영토에서 하늘의 진실을 품고 살아간… 그러나 안타까운 생의 풍경을 소유한 존재들을 찾아내어 작품을 만들리라.'

그 소망은 화석처럼 이미 오래되었다. 하지만 나는 김진희 선교사의 죽음을 쉽게 잊었다. 김선일도 그렇게 쉽게 잊고 양심에 화인 맞은 무감각한 존재가 되고 만 것이다. 세상의 죽음과 억울함들, 아픔과 고통에 무감한 부끄러움이 뱀처럼 스멀거리며 나를 휘감아왔다. 한 번도 자리에 앉지 못하고 서 있는 나무같이 내 영혼은 또다시 누추함에 기대어 우두커니 서 있었다.

울고 또 울고,
장례를 치르는 5일 동안 우리가 한 일은 그것뿐이었다.

김진희 선교사의 동료가 쓴 일기를 인터넷에서 찾아 읽는데 가슴이 미어졌다. 2004년 9월 17일 새벽 2시, 장례식을 앞두고 장례식 때 읽기 위하여 남편 한재성 선교사가 쓴 글이 있었다.

나는 나의 사랑하는 아내를 잃었다.
부부로서 함께 산 10년의 세월이 너무나 행복했다.
아내는 나에게 천사였다.
이제는 천국에서 나와 두 딸을 지켜주는 천사가 되었다.
누가 상상이나 했을까?

순교할 각오를 했지만,
정말 하나님이 순교하게 하실 줄이야.
누가 알 수 있었을까?
남은 수많은 날들을 나보고 어떻게 살라고…
이 아픈 가슴과 깨어진 심령,
뼛속 깊이 사무쳐오는 슬픔을 어떻게 이기며 살아가야 할지…
만지고 싶을 때 못 만지고 보고 싶을 때 볼 수 없음이
얼마나 큰 그리움의 고통으로 다가오는지
못다 한 사랑 아직도 많은데…
아직도 내겐 당신을 더 사랑할 시간이 필요한데,
이제는 더 이상 기회가 없음이 한이 된다.

서글픔이, 뼈아픈 그의 슬픔들이 전해지는 듯했다.
"이런 아픔들, 하나님을 향한 꿈을 키웠지만 이렇게 일찍 가야만 하는 고통들을 저에게 자꾸 소개하시는 이유는 무엇인가요?"
그렇게 구하는 중에 어린 시절 서투른 그림 속에 항상 떠 있는 해처럼 뚜렷하고 환한 깨달음이 내 속에서 솟아올랐다.
"이것이 내가 구한 확증이구나. 〈애통〉의 주인공들을 구한… 주님의 응답이구나."

못다 한 사랑 아직도 많은데

아직도 내겐 당신을 더 사랑할 시간이 필요한데…

나는 한재성 선교사도 〈애통〉의 흐름 속에 주님이 연결하신 것이라 믿었다. 서글품 옆에 올려진 느낌표처럼 〈애통〉의 방향을 확신시키심을 발견했다.

세상을 회복하는 하늘의 방법

"김선일 매니저 님은 항상 천 디나르dinar씩 바꾸어서 지갑에 넣고 다녔어요. 그 분을 생각하면 그게 떠올라요."

한동안 망설이던 효선 자매가 입을 열었다. 이라크에서 지옥에서의 한철처럼 선일 형제와 처참한 시간을 같이 나눈 효선 자매는 놀랍게도 조은령 감독의 후배인 채송이 전도사의 친구였다. 내가 우연히 선일 형제에 대해 얘기하자 채송이 전도사가 놀라면서 친구 얘기를 해주었다. 그렇게 〈애통〉은 진행되고 있었다.

"왜 선일 형제는 돈을 바꿔서 다닌 건가요?"

"구걸하는 아이들에게 주기 위해서지요. 처음 이라크에 갔을 때 사람들이 돈을 주지 말라고 하더군요."

"왜요?"

"끝없이 몰려든다는 것이지요. 그래서 주지 않았는데 매니저 님은 항상 주셨어요."

그것만으로도 작은 감동이 밀려왔다. 구걸하는 아이들을 외면하지 못하는 마음, 김선일은 그런 사람이었다.

나도 몇 년 전 바벨탑의 현장을 알아보기 위해 이라크에 갔었다. 바그다드에 도착했는데, 역시 어둠 속에서 아이들이 돈을 달라며 막 뛰어왔다. 그 눈동자들… 돈도 없었거니와 눈동자들이 너무나 슬퍼 보였다. 웃거나 애걸하는 표정이었지만, 아프게 기억나는 눈들이었다.

그런데 선일 형제는 아이들에게 돈을 주기 위해 항상 준비를 했다고 한다. 마음은 쉬워 보여도 작은 것이 아니다. 사랑이 없으면….

"두 사람이 책상을 마주 대하고 앉았다던데?"

순간 효선 자매가 절벽에 부딪치는 외침처럼 울기 시작했다. 적막 속의 뇌성雷聲처럼 후두둑 떨어지는 눈물. 더 이상 아무것도 물을 수가 없었다.

"생각하면 너무나… 가슴이 아파서…."

눈물만 그렁그렁한 채 말을 잇지 못했다. 아무도 쓰라린 아픔을 이해 못하리라. 더 묻지 않고 그냥 기다렸다.

"바그다드를 떠나오면서 비행기 안에서 갑자기 담대함이 생기더라구요."

고요히 다짐이라도 하듯 스스로를 진정시키고는 다시 말을 이었다.

"그 담대함은 하나님이 행하셨다는 데서 온 것 같아요. 김선일 매니저 님은 자신의 십자가를 감당하셨고 그 일들은 '하나님의 시간' 안에서 이뤄진 것이다, 그런 생각이 드니까 갑자기 담대해졌어요."

"그 죽음이 하나님의 뜻으로 이뤄진 것이라는 건가요?"

"그렇게 감당하신 것 같았어요. 예수님처럼 말도 안 되게 죽음을 감당한 것이고 그것은 하나님 안에서…."

그러더니 효선 자매는 다시 울기 시작했다. 쉽지 않은 고통을 겪은 것이다. 가슴이 아려왔다.

"시신을 찍은 사진을 나중에 우연히 봤어요. 처참한 가운데서 약간 마음이 흔들렸지만 '이건 하나님의 타임Time 안에서 이루어진 것이다. 우리가 잘 모르지만 하나님의 어떤 섭리 가운데 서 있다'는 확신이 들었어요."

그때 옆에서 묵묵히 있던 채송이 전도사가 흐느끼기 시작했다.

"은령이 언니가 주님 품으로 갔다는 소식을 처음 들었을 때 이건 정말 외람된 말이지만, 한편으로 잘 갔다는 생각을 했어요. 언니는 너무나 힘들게 하나님의 일을 감당하고 있었거든요. 모든 걸 혼자 짊어지고, 영화를 통해 하나님나라를 열매 맺겠다고…."

마지막 남은 사막 같은 안쓰러운 눈물의 인터뷰, 내가 바라던 그림일 수도 있지만 민망함이 밀려왔다. 어떻게 이들을 위로하나 고민하는데 떠오르는 것이 있었다.

"그래, 이때를 위해 그런 깨달음을 주셨나 보다."

지난번 예수전도단 수련회에서 깨닫게 하신 '하나님나라를 향한 열망이 곧 열매' 라는 이야기를 했다.

"비록 두 사람이 자신의 꿈들을 이루지 못한 채 일찍 주님 품으로 갔지만 주님은 그들이 뿌린 씨앗만으로도 이미 열매라고 인정해주시는 것이지요. 조은령 감독이 하나님의 뜻을 붙들고 애쓴 과정 자체가 그의 영화입니다. 선일 형제가 이라크 사람들을 사랑하고 진정한 선교사로 살기 위해 기도하며 공부해온 시간들 자체가 이미 선교였던 것이지요.

지극히 작은 자 하나에게 한 것이 곧 나예수님에게 한 것이라는 천국의 가치 매김으로 볼 때 그것은 이미 큰 열매요 주님이 받으시는 충성입니다. 하나님은 반드시 헌신을 통해 당신의 결실을 이루어가십니다. 우리가 알지 못하는 영역에서, 당신의 선하신 때에…."

두 사람의 얼굴이 조금 밝아졌다. 현실의 고통을 모르는 원론적인 얘기일지는 몰라도 나는 이것이 답이며 진정한 위로의 근거라고 생각했다.

채송이 전도사가 울먹이며 말했다.

"솔직히 고백하자면 은령 언니가 갔을 때 하나님을 많이 원망했어요. 이렇게 빨리 데려갈 것이라면 그동안 언니에게 보여준 많은 응답과 비전들은 뭐냐고. 언니가 선교사가 되려고 기도하는데, 언니의 영화가 수많은 사람들을 변화시키는 환상을 보여주셨어요.

그래서 다시 영화를 한 건데 그 모든 약속들은 뭐냐는 원망이 들었어요. 그런데 그 말을 들으니 이제야 마음이 풀리고 이해가 돼요. 역시 하나님의 마음이 우리와 다르구나, 언니의 삶 자체가 영화구나, 그것이 열매일 수 있겠구나….”

이 말이 오히려 나를 위로했다.

'그 깨달음이 이렇게 위로를 주는구나. 역시 주님은 다르시구나….'

"저도 그 사건에 연루되어 세 번이나 청문회장에 끌려가고 온갖 억측과 소문에 시달렸습니다. 솔직히 한강대교를 지나는데 뛰어내리고 싶은 충동까지 느꼈습니다. 그런데 제 안에서 이런 기도가 나오더군요.

'하나님, 제가 이 고통을 감당하겠습니다. 대신 다 이겨내고 나면 도대체 이해할 수 없는 이 일들의 진정한 의미를 깨닫게 해주세요. 엄청난 사건 가운데 있는 하나님의 뜻을 알게 해주세요' 하는….”

"그래서 하나님이 깨닫게 해주셨나요?"

나는 급히 물었다.

" '이건 백 투 에덴Back to Eden이다.' 그런 마음을 주셨습니다."

백 투 에덴… 백 투 예루살렘Back to Jerusalem도 아니고….

"더 근원적인 것을 회복한다는 의미인가요?"

"하나님의 어떤 알 수 없는 회복을 위해 드려진 한 알의 밀알이다, 그것이 세상을 회복하는 하늘의 방법이기 때문이다… 감독님이 말씀하신 것처럼 작은 밀알의 드려짐 안에 이미 엄청난 결실이 들어 있거든요."

고개만 끄덕여질 뿐 더 이상 묻지는 않았다. 말이 떠오르지 않았다. 하나님은 우리에게 위로를 주신 것이다. 효선 자매를 인터뷰하기 위해 만났지만, 채송이 전도사에게도 위로를 주셨다. 그리고 어떤 거부할 수 없는 기운에 휩싸여가고 있는 나에게까지도….

> 그에게서 온몸이 각 마디를 통하여
> 도움을 입음으로 연락聯絡하고 상합相合하여
> 각 지체의 분량대로 역사하여 그 몸을 자라게 하며
> 사랑 안에서 스스로 세우느니라
>
> 에베소서 4:16

그렇게 주님 안에서 하나의 지체됨과 사랑의 위로를 느꼈다. 하나님의 사랑을 측량할 길이 없는 순간이었다.

작고 메마른 씨앗 하나

꿈을 꾸었다. 명확히 존재감은 느껴지지 않았지만 예수님이 나에게 무언가를 자꾸 반복해 말씀하시고 계셨다.

"우현아, 천국은 겨자씨 하나를 심은 것이란다. 그것이 천국이다."

나는 자고 일어났을 때 꿈의 내용을 제대로 기억한 적이 거의 없다. 그러나 이 꿈만은 손바닥의 운명선처럼 뚜렷이 기억났다.

이른 아침, 전화가 왔다.

"감독님, 오늘 저희 교회에서 말씀 전하시는 거 아시죠?"

지난번 강화도로 연세대 수련회를 갔을 때, 강사로 만난 새벽이슬교회 우종명 목사였다.

"아, 알고 있습니다."

"오늘 전하실 말씀의 본문을 알려주셔야 하는데…."

내가 설교한다는 데까지 생각이 미치지 않아서 거기까지 생각은 못하고 있었다. 그때 지난밤 꿈이 생각나 급히 성경을 펼쳐 말씀을 찾아서 읽어주었다.

천국은 마치 사람이 자기 밭에 갖다 심은 겨자씨 한 알 같으니

이는 모든 씨보다 작은 것이로되 자란 후에는 나물보다 커서
나무가 되매 공중의 새들이 와서 그 가지에 깃들이느니라

마태복음 13:31,32

"어젯밤 꿈에 주님이 말씀해주신 건데요. 이걸로 하지요."
"아, 그래요?"
우종명 목사의 당황하는 표정이 보이는 듯했다.
"제가 꿈속에서 말씀을 들은 건 태어나서 처음이거든요. 항상 개꿈만 꾸는데 오늘 이것을 나누라고 하시는 모양입니다."
농담으로 알았는지 우 목사가 웃었다.
"아니, 그런데 저 같은 사람에게 설교를 하게 해도 되나요?"
나의 엉뚱함을 모면하려고 한번 물어보았다.
"가끔 평신도 형제들이 설교하는 시간을 갖습니다. 부담 갖지 마시고 평소 하시고 싶었던 말씀을 해주시지요."
새벽이슬교회는 스무 명도 채 안 되는 작은 교회라 부담이 적고 성경적 토지 모임의 열혈남아 박창수를 비롯한 낯익은 후배들이 있어서 마음이 편했다. 이들과 말씀을 나누는 동안 지난밤 주님이 우연히 말씀을 주신 것이 아님을 깨닫게 되었다.
"지금 그런 깨달음이 있습니다. 우리가 나누는 최춘선 할아버지가

바로 하나님나라의 밭에 심기운 작고 메마른 겨자씨 한 알입니다. 조은령, 김선일, 토마스, 김진희 그리고 우리 모두가 그렇게 뿌려진 작은 씨앗들입니다. 그런데 그 안에 이미 천국을 잉태하고 있다고 하십니다. 주님은 그것을 보고 계십니다. 그것이 하나님나라의 비밀입니다."

말씀을 전하는 내 입술을 통해 천국의 비밀을 깨닫게 하셨다.

'아, 이 말씀을 깨닫게 하시려고 꿈속에서도 그 말씀을 주셨구나.'

순간 놀라운 비밀이란 걸 감지했다.

'하나님나라에 뿌려진 작고 메마른 씨앗 하나.'

나는 이것이 주님을 따르는 제자들에게 주신 위로라고 생각되었다. 그들은 너무나 작고 연약한 존재들이다. 그러나 주님은 그들에게서 장차 열매 맺을 거대한 하나님나라를 보신 것이다. 어쩌면 그것은 예수님 자신에 대한 위로일지도 모른다. 세상의 눈에는 안 보이는 천국의 안목眼目… 작고 어리석은 무리들과 암담해 보이는 현실 속에 천국이 잉태되어 있는 것이다.

"그러므로 우리가 뿌리는 작은 희생과 헌신, 아픔과 애통의 씨 뿌림 속에 이미 천국의 열매가 있습니다. 마음에 품은 천국의 열심만으로도 이미 열매요 실재라는 것을, 이렇게 말씀으로 새롭게 증명해주시는 것입니다."

나는 이 말씀이 함께한 작은 공동체와 나를 위로하기 위한 은혜라고 생각했다. 나보다 더 열심히 '애통하는 자'의 의미를 추구하시고 가르치시는 주님의 사랑이 너무나 감사했다.

> 작은 일의 날이라고 멸시하는 자가 누구냐
> 스가랴서 4:10

역시 애통하는 자, 성전 재건을 꿈꾸는 스룹바벨의 헌신을 하나님은 그렇게 표현하셨다. 하나님나라를 위해 뿌려진 어떤 작은 헌신도, 시간도, 하나님은 무시하지 않으신다. 오히려 그것으로 성전과 하나님나라를 회복하신다. 새삼스러운 감동이 땀으로 빚어진 보석처럼 고요히 빛났다. 그날 밤, 집으로 가는 길에 오랜만에 뒷산에 올랐다.
"이렇게 이끌어가시는 방향이 주님이 생각하시는 애통의 의미인가요? 더 확신을 주세요. 주님의 길이라는 걸 진정으로 확신할 때 저는 갈 수 있습니다."
이렇게 구하기는 했지만 마음 한편에서 이미 거부할 수 없는 길임을 알고 있었다. 다만 진정 주님이 보여주시는 무엇을 만지고픈 도마의 제스처일 뿐이었다.
기도의 응답이었을까. 다음 날 특이한 사건이 기다리고 있었다. 나는 이것이 기도의 응답이란 걸 후에야 깨달았다.

애통하는 자는 복이 있나니

저희가 위로를…

나의 영혼을 용서해주세요 / 거룩한 성전의 회복 / 누가 애통하는 자냐
혹독한 슬픔의 골짜기 / 애통의 풍경 속으로 / 다시 불러 모으신다
한 알의 밀알 그루터기들 / 너의 눈물을 아신다

03

"진정으로 애통하는 자들의 헌신을 통해
하나님이 회복을, 부흥을 주신다.
애통은 우리가 품은 모든 하나님나라의 열망과 충성과 십자가이다.
이 세상 어디에서 뿌려졌든 그 밀알을 통해
하나님이 당신의 나라를 이루신다."

나의 영혼을 용서해주세요

선생님, 죽을 것같이 힘들 땐 어떻게 해야 하죠?
원래 알고 있었는데, 너무 힘들어서 잊어버렸어요.
전에 선생님께 편지를 드린 적이 있었는데
낭떠러지에서 예수님을 부르다 지쳐 선생님도 한번 불러봤어요.
제발 저에게 대답해주시면 안 돼요?
저, 귀가 잘 안 들리거든요. 크게 대답해주세요.
13년째 고칠 수 없는 백혈병으로 고생했어요.
이젠 그만 고생시켜 주세요. 이젠 위로해주세요.
선생님이 예수님 대신 위로해주시면 안 돼요?
제발 제가 너무 많이 아프지 않게 도와주세요. 부탁입니다.
도와주실 거라고 믿어요. 예수님을 믿어요.
선생님 안에 감동하시는 예수님을 믿어요. 도와주실 거죠?

팔복을 처음 연재했던 버드나무란 사이트에 누군가 이런 심각한 글을 남겼다. 밖에서 촬영을 하는데 아내가 심각한 일 같다며 연락을 했다. 버드나무에 워낙 다양한 글들이 올라오기에 다른 때 같으면 무심히 넘겼을 텐데 이 글은 고민이 되었다.

'13년째 백혈병으로 몹시 고통을 겪고 마음에도 상처가 큰 것 같은데 연락하자.'

그런 마음으로 글 말미에 남긴 번호로 전화를 했다.

"누나는 13년 동안 백혈병으로 아팠어요. 요즘 더 많이 아픈 거 같아요. 며칠째 못 자더니 지금 자고 있어요."

동생이 대신 받았다. 나는 동생을 통해서 글을 남긴 수지(가명)란 친구가 어린 시절 신앙을 갖게 되는 과정에서 아버지의 극심한 반대에 부딪치고 그때 충격을 받아 공황 상태에서 백혈병에 걸렸다는 걸 알게 되었다. 안타깝게도 예수를 믿는 것 때문에 백혈병에 걸리고 만 것이다. 가슴이 아려왔다.

"아, 누나가 깼어요. 바꿔드릴게요."

일순간 긴장이 되었다.

"선생님, 저 수지예요."

깜짝 놀랐다. 스물넷이라는데 어린아이의 목소리였다. 어떤 영적인 세력에 시달리고 있음이 느껴졌다.

"최춘선 할아버지 영상을 보고 선생님을 너무나 만나고 싶었어요. 제가 전에 글도 남겼는데… 주님을 닮으신 할아버지를 알고 나서 무척 힘이 났어요."

오랜 시간 통화하면서 참으로 가슴이 아팠다. 끔찍한 아픔에서 벗어나게 해달라고 기도해서 몸은 회복되어가고 있었지만, 마음이 아프다고 하는 걸 보면 어떤 영적인 문제가 있음을 알 수 있었다. 자세한 상황을 알기 위해서 수지에게 어머니를 바꿔달라고 했다.

"오늘 아빠를 5년 만에 만나기로 했어요. 목사님을 만나기로 했거든요. 그래서인지 수지가 부쩍 아픈 거 같아요."

"아무래도 이 병은 아빠가 예수를 믿어야 해결될 것 같습니다. 기도만이 이길 수 있는 힘이 될 거예요."

어디서 나왔는지 그런 확신이 들었다. 이 사정을 인터넷에 올려 같이 기도하기로 했다. 팔복을 통해 버드나무에서 만난 이들이 안타까워하며 기도에 동참을 표했다. 나는 수지를 위해 기도한 후 팔복을 보고 썼다는 글을 찾아보았다.

인터넷 검색을 해서 팔복을 찾아서 30분짜리 하나를 보았습니다.

많이 울고, 하나님의 감동하심을 느꼈습니다.

아, 주님께서 만드신 거대한 작품이구나.

인간에게서 오는 감동이 아닌 하나님께로부터 오는 감동이었습니다.

저는 초등학교 4학년 때 불치병에 걸렸습니다.

하나님께서 살려주셔서 신학을 공부하고 있는 사람인데,

그동안 많이 식어 있던 첫사랑이 회복되는 느낌이었습니다.
커다란 불이 제 속에 타올라서
"덥죠?"라고 빈정거리던 말에 "뜨겁다"라고 대답하셨던
할아버지의 응답처럼 마음이 너무나 뜨거워졌습니다.
주님께서 김우현 피디 님을 사용하심에 너무나 감사드립니다.
— 2004년 12월 29일

트럼펫에서 터져 나오는 첫 소리처럼 나는 흔들렸다.
무심히 찾은 수지의 글 속에도 〈애통〉의 의미가 담겨 있었기 때문이다.
"이 아이를 통해서 보여주시려는 주님의 뜻을 알게 하소서."
기도하며 다음 날을 맞았는데, 이른 아침 수지에게서 전화가 왔다. 지난밤 무슨 일이 생겼을까 궁금했다.
"선생님, 저 수지예요."
너무나 놀랐다. 어린아이가 아닌 스물넷의 성숙한 목소리였다.
"어젯밤에 아빠가 예수를 믿었어요. 저 이젠 아프지 않아요."
"정말이야? 할렐루야!"
나도 모르게 난생처음 할렐루야가 터져 나왔다.
"네, 선생님. 제가 13년 동안 아빠를 잉태했다가 어제 해산했어요.

그래서 아팠던 거예요. 선생님, 제 말 이해하세요?"

영혼까지 흔들리는 기분이었다. 자신을 아프게 한 아빠를 예수 믿게 하려고 고통받은 것이다. 뼈아픈 통증이 느껴지는 듯했다.

"그럼, 이해하지. 그래서 아팠던 거구나."

"선생님은 이해하실 줄 알았어요. 그런데 제가 그런 말 하면 다들 미쳤대요."

"오해할 만하지. 그러니 하고 싶은 말이라고 다 하지 말고 지혜롭게 해라. 절제가 필요해."

"네, 선생님."

참으로 놀랍고 감사했다.

'이렇게 내가 알지 못하는 곳에서 하나의 영혼을 품고 애통하며 해산의 수고를 하는 존재들이 있구나.'

구름 사이로 다시 나타난 환한 빛처럼 감격이 스몄다.

"이제부터가 더 중요합니다. 더욱 기도해야 합니다."

나는 고맙다며 전화를 한 수지 어머니에게 이렇게 말했다. 주님 말씀처럼 청소된 방을 성령으로 채우지 않으면 더 큰 세력들이 들어올 수 있기 때문이다.

그 후 건강이 회복되고 밝아진 수지는 수시로 전화를 했다.

"선생님, 오늘은 날이 너무 좋아요. 주님께 노래해드리고 싶어요."

수지는 개구쟁이 같으면서도 수다쟁이였다. 처음에는 일일이 받아주었지만 촬영을 하거나 편집할 때는 방해가 되었다. 전화를 받지 않으면 문자를 수없이 남기거나 또 전화를 했다. 나중에는 짜증이 났다.

"좀 절제해야지. 절제의 은사가 필요하겠어."

은근히 타일렀지만 막혔던 수문이 열리듯 하고 싶은 얘기가 너무 많은 모양이었다. 나는 지나친 드러냄과 과잉을 싫어하는 성격이다. 결국 전화를 무시하기 시작했다.

그날 밤도 수지는 엄청나게 전화를 했다. 몹시 아프다며 전화를 받아달라는 문자 메시지를 수없이 보내왔다. 그러나 나는 애써 외면했다. 화가 나기도 했다. 그런데 새벽녘에 아내가 갑자기 비명을 지르며 달려왔다.

"무… 무서워."

"무슨 일이야?"

진동으로 해놓은 벨이 계속 울리자 궁금해진 지연이 어두운 거실에서 수지가 보낸 음성 메시지를 확인한 것이었다. 666-0000이란 번호가 찍힌 음성 내용은 충격적이었다.

"다음은 김우현 네 차례다. 너를 철저히 파멸시킬 것이다."

그것은 수지의 목소리가 아니었다. 어둠 속에서 완전히 다른 존재로 변한 음성을 들었을 때, 섬약한 아내가 직면했을 공포와 소름은 상상이 갔다. 전해 듣는 것만으로도 소름이 몸을 휘감고 지나갔다. 아내를 진정시켜 함께 기도했다. 어떤 영적인 세력이 심장을 쿡쿡 쑤시듯 아프게 했다.

"주님, 이기게 해주세요. 나사렛 예수의 이름으로 명하노니 악한 세력들아 물러가라."

오랜만에 원초적인 기도가 터져 나왔다. 한편으로는 막연한 가운데서 회개가 나오기 시작했다.

"주님, 제가 알지 못하는 부끄러움과 연약함들, 사랑 없음, 주님 앞에 온전히 드려지지 못한 나의 영혼을 용서해주세요."

그러자 집요하게 공격해오던 통증이 거짓말처럼 사라졌다.

거룩한 성전의 회복

다음 날 산에 올랐다. 아침에 수지는 또 전화를 했다. 화가 나서 아예 무시하려다가 무언가 말해줘야겠다는 생각이 들었다.

"선생님, 제가 그렇게 전화해달라고 했는데 왜 외면하셨어요? 주님도 들어주시지 않고, 너무 아파서 선생님을 찾았는데… 선생님은 다를 줄 알았는데 남들하고 똑같아요."

오히려 나를 나무라는 수지의 말에 나는 다시 화가 치밀었다.

"지난밤 그 난리를 치고, 악마 같은 이상한 소리를 하면서… 그렇게 당부했는데 절제하지 않고 왜 이러는 거야."

말을 채 마치기도 전에 수지가 울기 시작했다. 불타는 유정油井 같은 처절한 절규였다.

"오죽하면 제가 그들에게 사로잡혀 그런 소리를 하겠어요. 힘겹고 소외되고 애통하는 자들을 생각한다면서요? 그들을 사로잡고 있는 세력들의 소리도 한번 들어보지 않고, 그 실체도 모르면서 어떻게 그들을 위해 살겠어요? 선생님, 실망했어요. 다시는 연락 안 할 거예요."

오히려 나를 지적하며 절규처럼 쏟아 붓는 말에 나는 속수무책 당하고 있었다. 할 말이 없었다. 수화기 저편에서 울부짖는 소리를 슬그머니 덮어둔 채 공허에 휩싸여 정처 없는 몸뚱이를 이끌고 늘 기도하던 뒷산에 올랐다. 깊은 심연에서 자꾸만 한숨이 토해졌다. 수지의 절규가 메아리 되어 들려왔다. 형용 못할 어떤 누추함과 부끄러움의 통증이 뼛속까지 스며드는 듯했다.

"주님 안에 있겠다고 늘 다짐하면서도 주님처럼 다른 이의 아픔을 품지 못하는 이렇게 누추한…."

말이 이어지지 않았다. 치졸하고 형편없이 느껴지는 내 영혼을 어쩌지 못한 채 4월의 잿빛 하늘 아래를 방황했다. 그때 말씀이 떠올랐다.

너희가 하나님의 성전인 것과
하나님의 성령이 너희 안에 거하시는 것을 알지 못하느뇨
고린도전서 3:16

나는 잠시 생각에 잠겼다. 오랜 세월의 슬픔을 털어놓는 등대처럼 익숙한 말씀의 애절한 영적 의미가 크게 다가왔다.
"하나님의 성전을 위해, 그 생명을 위해 해산의 수고를 하는 영혼, 그것이 애통하는 자이다."
내 안에 그런 울림이 있었다. 수지가 하나님의 성전을 회복하기 위해 아파했구나. 그것은 작아 보이지만 천하보다 귀한 한 영혼을 붙들고 애통하는 '우주적인 성전 회복'의 의미를 담고 있다. 그런 깨달음, 순간 조은령, 김선일 그리고 카자흐스탄에서 순교한 김진희 선교사의 모습들과 내가 알지도 못했던 무수한 믿음의 증인들의 눈물과 애통들이 오버랩되며 환상처럼 펼쳐졌다.
"이 모든 이들이 시대와 상황을 초월해 눈물로 뿌린 헌신들은 성전을 회복하기 위함이었군요."

내가 보니 하나님의 말씀과 저희의 가진 증거를 인하여
죽임을 당한 영혼들이 제단 아래 있어 큰 소리로 불러 가로되
거룩하고 참되신 대주재여 땅에 거하는 자들을 심판하여
우리 피를 신원하여 주지 아니하시기를 어느 때까지 하시려나이까

요한계시록 6:9,10

믿음의 증인들이 고통받으며 희생해야 했던 것도 하나님의 성전을 지키기 위함이다. 그런 깨달음이 왔다. 어린 수지는 어떤 모양이든 성전의 회복을 위해 해산하는 수고를 감당했다. 그런데 난 무언가. 아플 정도로 부끄러움이 휘감아왔다.

"나에겐 그런 애통하는 수고가 없습니다. 팔복을 나눈다며 〈가난한 자〉를 만들었지만 정작 내 안에는 가난함이 없습니다. 〈애통〉을 만든다 하지만 진정한 애통이 없습니다. 주님을 닮는 것이 내 생의 목표라 했지만 영혼을 사랑함도, 긍휼도 없습니다. 이토록 못나고 부끄러운 영혼을 어찌합니까?"

길 잃은 탐험가처럼 망연하기만 하고, 기도조차 더 이상 이어지지 않았다. 아니, 할 수가 없었다. 막연한 죄책감과 자괴감에 영혼이 떨릴 뿐이었다. 견딜 수 없는 통증으로 기도도 마치지 못하고 산을 내려오는데 다시 수지에게서 전화가 왔다.

"선생님, 저 다시 나았어요. 갑자기 아픔이 사라졌어요."

뜻밖이었다. 어떻게 갑자기 그런 변화가 가능한가.

"선생님이 저를 위해 기도하셨지요? 다 알아요. 주님이 다시 찾아와 주셨어요."

나는 수지를 위해 기도한 적이 없다. 지독한 부끄러움만 잔뜩 붙들고 있었을 뿐이다.

"주님이 뭐라고 하셨는지 아세요? '예수는 나의 힘이다.' 그 힘은 Power능력도 되구요, Him그분도 되구요, Hymn찬송도 된다고 하셨어요. 다시는 악마에게 붙잡히지 않을 거예요. 주님을 찬송하며 그 '힘'으로 이겨나갈 거예요."

나는 약간 어리둥절했다. 제대로 된 회개도 못한 채 내 누추한 영혼을 어쩌지 못하는 안타까움… 그뿐이었다. 그런데 그것만으로도 치유가, 회복이 일어났다. 순간 '이것이 애통의 비밀이구나' 하는 생각이 들었다. 연약함으로 견딜 수 없어 하며 다만 사랑 없음을, 애통하지 못하고 가난치 못한 내 부끄러운 영혼을 절절이 깨달았을 뿐이었다. 그런데 그 심령만으로도 하나님은 역사를 이루셨다. 하나님의 영혼을 품고 애통하는 모든 성전에 대한 깨달음만으로도 실재적인 변화를 이루어주신 것이다.

"하늘을 향한 소망조차 이미 열매이듯이 진정한 회개와 자기 인식 또한 변화와 회복의 실재구나! 그래서 진정으로 부흥의 현장에는 진정한

주님 안에 있겠다고 늘 다짐하면서도
주님처럼 다른 이의 아픔을 품지 못하는 이렇게 누추한…

회개가 항상 있었구나. 그것이 세상을 변화시킨 거구나."
 이런 애통의 의미를 깨닫게 하시려고 수지를 도구로 사용하셨다는 생각이 들었다. 실제로 수지는 그날 이후 연락이 없다.

누가 애통하는 자냐

 다음 날 새벽, 단단히 마음을 먹고 기도를 드렸다.
 "진정한 애통의 의미를 가르쳐주세요. 〈가난한 자〉를 만들고 나누었지만 내 안에 가난함에 대한 본질적인 깊이가 없는 것 같습니다. 〈애통〉을 만들려면 그 의미를 알아야 하겠습니다. 본질을 가르쳐주세요."
 보호색의 의미를 구한 뒤 오랜만에 이런 깨달음을 간절하게 구했다. 깊은 심호흡으로 성경을 펼쳤다. 고요함 속에서 어떤 질문이 떠올랐다.
 "누가 애통하는 자냐?"
 마치 예수님께서 곁에서 물으시는 듯 확연한 느낌으로 다가왔다.
 "누구입니까? 애통하는 자가…."
 나는 오히려 되물었다. 나도 모르게 구약을 펼치고 이사야서를 보

게 되었다. 나는 음성을 듣는다거나 예언이나 계시 같은 신비주의적인
것을 추구하는 스타일이 아니다. 그런데도 어떤 알 수 없는 기운이 나를
사로잡는 것을 느낄 수 있었다.

"이사야, 예레미야, 느헤미야… 이들이 애통하는 자다."

이런 대답이 내 영혼을 휘감았다. 그것은 스스로 말한 것도 아니고
평소에 생각해보지도 않은 것이다.

무슨 의미일까. 나는 이사야서를 본격적으로 뒤지기 시작했다.

너희는 위로하라 내 백성을 위로하라
너희는 정(情)다이 예루살렘에 말하며 그것에게 외쳐 고하라
그 복역의 때가 끝났고 그 죄악의 사함을 입었느니라
이사야서 40:1,2

"이건, 전혀 생각지도 않았던 코드인데…."

흥미가 생겼다. 무언가 있다. 내 예민한 영적 촉수가 주님께서 무언
가를 깨닫게 하시려는 징후를 느끼기 시작했다. 얼마 지나지 않아 이사
야서에서 애통하는 자의 맥을 잡았다.

여호와의 은혜의 해와 우리 하나님의 신원(伸怨)의 날을 전파하여

모든 슬픈 자를 위로하되 무릇 시온에서 슬퍼하는 자에게
화관花冠을 주어 그 재를 대신하며

이사야서 61:2,3

이 부분을 다시 읽다가 흠짓 놀랐다. '신원의 날'… 그것은 하나님 나라를 위해 희생한 모든 증인들의 원통함을 풀어주고 위로하는 바로 그 날이었다. 전날 수지로 인해 산에서 방황하다가 깨달은 요한계시록의 말씀이기도 했다.

우리 피를 신원하여 주지 아니하시기를 어느 때까지 하시려나이까

요한계시록 6:10

'그 말씀이 그냥 떠오른 게 아니구나.'
그런데 다시 말씀을 찾아보니 다음 구절이 새롭게 다가왔다.

각각 저희에게 흰 두루마기를 주시며 가라사대
아직 잠시 동안 쉬되 저희 동무 종들과 형제들도
자기처럼 죽임을 받아 그 수數가 차기까지 하라 하시더라

요한계시록 6:11

나는 이상한 기운에 휩싸였다.

'진정으로 모든 피 흘린 증인들이 가진 애통의 한을 풀어주려면 피 흘리는 숫자가, 희생의 양量이 더 차야 한다는 말씀이구나.'

이 말씀이 〈애통〉으로 연결하신 주인공들을 다시 떠올리게 했다.

'그들의 억울한 희생, 피 흘림이 이런 하나님의 요구를 채우기 위한 의미란 말인가?'

이는 또한 〈애통〉의 핵심 주제였다. 신구약을 관통하며 성경의 의미가 연결되어 있구나 하는 새삼스러운 깨달음… '애통' 과 '위로' 는 이사야서의 중요한 주제가 되었다. 게다가 놀랍게도 '가난한 자' 도 '애통하는 자' 와 짝을 이루어 자주 등장하고 있었다.

무릇 마음이 가난하고 심령에 통회애통하며
나의 말을 인하여 떠는 자 그 사람은 내가 권고하려니와

이사야서 66:2

'이미 팔복의 정신들이 구약 속에 도도히 흐르고 있었구나. 주님께서 구약적인 맥락을 가지고 팔복을 말씀하셨구나.'

이 통찰력이 맞는 것인지 확인하기 위해 '애통하는 자' 의 다음인 "온유한 자는 복이 있나니 저희가 땅을 기업으로 받을 것임이요" 이 말

쏨을 인터넷으로 검색해보았다. 놀랍게도 시편 37편 11절에 나와 있는 말씀이었다.

"오직 온유한 자는 땅을 차지하며."

아… 팔복은, 단순히 천국의 시민적 윤리로 말씀하신 게 아니라 구약을 관통하는 구속사적 맥락 속에서 가져오신 것임에 틀림없다.

'팔복을 만들면서도 내가 아는 지식이 너무나 부족하구나' 하는 부끄러움이 일었다. 팔복에 대한 학자들의 연구나 주석들에도 이런 내용은 나오지 않았다. 그러니 나 같은 자가 알 리 없는 것이다. '이사야, 예레미야, 느헤미야가 애통하는 자다' 하신 이 깨달음은 주님이 나에게 전해주시는 것이란 말인가. 검증이 더 필요하지만 그런 생각이 드는 순간 놀라움에 몸이 움찔했다.

'애통의 의미를 깨닫게 해달라는 기도에 이렇게 응답하시는구나.'

나는 감사하며 다시 무릎을 꿇었다.

"주님, 주님이 주시는 것이라면 더욱 확증을 보여주세요."

심호흡을 깊게 한 후 마음을 비우고 성경을 열었다. '애통' 다음으로 나오는 '온유'의 복福과 연상되어 어떤 말씀이 떠올랐다.

이 사람 모세는 온유함이 지면의 모든 사람보다 승勝하더라

민수기 12:3

"아, 모세가 '온유한 자' 구나. 그래서 '약속의 땅'을 기업으로 받았구나."

온유한 자가 땅을 기업으로 얻는다는 약속은 오랜 역사적 맥을 가지고 있었구나. 주님은 이런 하나님의 역사를 관통하시며 그 통찰력으로 팔복을 말씀하신 것이다. 봇물이 터지듯 어떤 예기치 않은 깨달음들이 쏟아져 나오기 시작했다.

'모세가 온유한 자라면 이사야, 예레미야, 느헤미야 같은 선지자들이 애통하는 자라는 말씀도 가능성이 있다.'

나는 말씀을 찾아보기 시작했다.

슬프다 이 성城이여 본래는 거민이 많더니
이제는 어찌 그리 적막히 앉았는고

예레미야애가 1:1

예레미야는 별명 그대로 '눈물의 선지자'다. 당연히 그는 애통하는 자였다. 느헤미야서를 찾아보았다. 역시 시작부터 느헤미야는 애통하고 있었다.

예루살렘 성은 훼파毁破되고 성문들은 소화燒火되었다 하는지라

내가 이 말을 듣고 앉아서 울고 수일 동안 슬퍼하며
하늘의 하나님 앞에 금식하며 기도하여

느헤미야서 1:3,4

황무해진 예루살렘 성을 재건하는 사명을 맡은 느헤미야의 슬픔이 그대로 묻어났다. 이사야서는 더욱 많은 애통의 역사를 보여준다.

모든 슬픈 자를 위로하되
무릇 시온에서 슬퍼하는 자에게 화관을 주어

이사야서 61:2,3

'참 놀랍다. 이들이 주님이 말씀하신 애통하는 자였구나.'
나는 전혀 생각지 않은 코드를 발견한 짜릿함에 몸을 떨었다. 그런데 한 가지 독특한 것을 발견했다. 선지자들이 공통적으로 같은 주제를 놓고 애통해하고 있는 것이다. '시온, 예루살렘의 황폐함과 회복'을 동일하게 아파하며 우는 것이다. 그렇다면 애통이란 '하나님 성전의 회복'을 향하는 고통이다. 그런 생각이 들자 오싹해지는 놀라움이 스쳤다.
"수지 일로 깨달음을 주신 애통하는 자를 통한 '하나님 성전의 회복'은 바로 이것을 알게 하시기 위한 것이었구나."

주님의 측량할 수 없는 섬세하신 섭리가 놀라웠다. 나를 깨닫게 하시려고 그런 상황들을 주신 것이다. '얼마나 무감각하면 충격 요법으로 자극을 주신 것일까' 하는 부끄러움도 들었다.

"그렇다면 주님, 애통하는 자에게 주시는 '위로'는 무엇인가요?"

나는 어린아이처럼 다시 물었다. 지체 없이 깨달음이 임했다.

"성전의 회복을 놓고 진정으로 애통하는 자, 그들에게 주는 '위로'는 바로 '부흥'이다."

나는 순간 당황했다.

"위로가 부흥이라니… 이건 전혀 뜻밖인데요?"

나는 위로에 대해서 찾기 시작했다. 이사야는 슬픈 자를 위로하는 것을 '여호와의 날', '신원의 날'로 표현한다. 즉, 하나님께서 성전이 파괴되고 포로로 끌려가 고통당하는 이스라엘 백성들의 고통과 원한을 풀어주시는 것이다. 그런데 회복과 위로는 '여호와의 신이 임하여' 이사야 61:1 ; 66:15 이루어지는 것이다.

나는 고개를 끄덕이며 맥락을 이해하였다. '위로하다 파라칼레오 parakaleo'라는 말에서 '보혜사保惠師', 즉 '위로의 영 파라클레토스 parakletos'이란 말이 나온 것이다. 그러므로 진정한 '위로의 영'은 보혜사 성령님이시다. 나는 이것이 무엇을 의미하는지 알아챘다.

"애통하는 자들에게 위로가 임하는데 성령께서 임하셔서 그들의 본질적 소망인 '성전의 회복'을 이루어주시며 바로 그것이 오늘 우리가 그토록 갈망하는 부흥이군요."

작년 봄 성령께서 연구하라 명하셨던 부흥의 본질인 것이다. 나는 다시 놀랐다. 이 모든 것은 내가 전에 한 번도 생각지 않은 것이었다.

"진정으로 애통하는 자들의 헌신을 통해 하나님이 회복을, 부흥을 주신다. 애통은 우리가 품은 모든 하나님나라의 열망과 충성과 십자가이다. 이 세상 어디에서 뿌려졌든 그 밀알을 통해 하나님이 당신의 나라를 이루신다."

보이지 않는 바람의 내면이라도 파악한 양 나는 남모를 충일감에 가득 찬 얼굴로 밝아오는 여명을 응시했다.

혹독한 슬픔의 골짜기 ——

그날 저녁에 연변 과기대의 정진호 교수, 하덕규 형, 〈부흥〉의 고형원 전도사와 만나기로 되어 있었다. 공사의 진행이 어려운 평양 과기대를 돕는 문제로 모인 것이다. 나는 새벽에 깨달은 애통의 의미와 수지를 통한 체험과 조은령, 김선일, 한재성 선교사를 통해 주님이 〈애통〉의 방향을 잡아주신 것을 얘기했다.

"선일 형제가 그렇게 겁이 많았다니 더 마음이 짠하고 인간적으로 애틋하게 느껴진다. 그리고 수지의 일은 정말 충격적인데…."

덕규 형은 자신의 일처럼 아파했다. 그때 정 교수가 어쩔 줄 모르며 말했다.

"정말 놀랍네요. 애통하는 자들이 예루살렘의 멸망과 회복을 노래한 선지자들이고, 그 위로가 성전 회복이며 부흥이라는 게… 제가 한국에서 들은 가장 충격적인 말입니다. 저희 평양 과기대 프로젝트 이름이 '스룹바벨 프로젝트' 거든요. 기도하면서 통일의 의미와 부흥의 맥락이 '성전 회복'과 같은 것이란 깨달음을 가지고 그렇게 지은 것인데…."

"정말이세요?"

놀란 사람은 오히려 나였다. 스룹바벨은 스가랴서에 나오는 예루살렘 성전 건축의 책임을 맡은 사람이다.

"작은 일의 날이라고 멸시하는 자가 누구냐" 스가랴서 4:10라는 말씀이 그를 향한 것이다. 이 세상 어떤 작은 헌신과 희생도 "온 세상에 두루 행하는 여호와의 눈" 스가랴서 4:10은 정확히 보시고 무시하지 않으시며 '성전 회복'의 역사로 쓰신다는 것을 보여준 상징적인 인물이 바로 스룹바벨이다.

"그렇다면 과거 동양의 예루살렘 성이던 평양과 1907년 그곳에 주셨던 부흥의 의미를 회복하려는 의미로 시작한 이 프로젝트가 애통하는 자의 맥락에서 풀려지네요. 정말 놀랍습니다."

뜻밖에도 새벽의 깨달음에 대한 확증을 얻은 셈이다. 나는 속으로 주님께 물었다.

'아침에 확증을 구한 것에 이렇게 응답해주시는 건가요?'

그때 깊은 바다 속 산호초처럼 묵묵히 듣고 있던 고 전도사가 또 다른 놀라운 말을 꺼냈다.

"처음 〈부흥〉 음반을 만들 때 하나님이 주신 말씀이 '애통하는 자'라고 하신 느헤미야서 1장이거든요. 느헤미야가 예루살렘 성벽 재건을 위해 슬퍼하며 금식하고 하늘의 하나님 긍휼을 구하는 것, 거기서 영감을 얻어 민족과 하나님나라의 회복을 부흥의 의미로 담은 것인데 그 맥락과도 일치하네요."

내색은 안 했지만 가슴이 쿵쾅거리며 떨렸다. 부흥의 의미를 나누게 될 줄은 생각도 못한 것이다.

"애통하는 자에게 하늘이 주는 위로가 곧 부흥이다."

그 말씀이 진정임을 이렇게 확증해주시는 것이다. 그것도 아주 다양한 하나님나라의 영역에서···. 그러고 보니 애통하는 자들이 대부분 순교했다. 이사야, 예레미야, 예수님의 제자들도 거의 다 순교했다. 순교자의 반열에 오른 유스티누스의 말이 생각났다.

"이사야는 톱으로 켜져서 죽었다."

예루살렘을 향한 애통과 위로를 노래하고 이스라엘의 무지와 패악을 깨우쳐주기 위해 맨발과 알몸으로 다녔지만 결국 그는 어이없이 처참하게 죽었다. 아무도 이해하지 못한 죽음, 그래서 그가 애통하는 자구나. 솔직히 예레미야는 지독한 겁쟁이다. 문득 선일 형제가 생각났다.

'뜨거운 물에 손을 넣는 것도 겁을 낼 정도였어요' 라고 했던 친구 성영 씨의 말이 떠올랐다. 예레미야는 자신을 "아이" 예레미야서 1:6라 여겼다. 그러나 하나님은 그를 혹독한 고통과 슬픔의 골짜기로 보내셨다.

왜 하나님은 연약한 선일 형제를 고통스러운 상황 속으로 밀어 넣으신 것일까?

'아직은 다 헤아리지 못한다. 150년간 무너진 채로 방치된 예루살렘을 재건하라는 하나님의 심장을 받은 느헤미야, 스룹바벨, 에스라… 그들의 가슴앓이와 뼛속 깊은 통증을 누가 헤아릴 수 있단 말인가?

정 교수가 무언가 생각난다는 듯 말을 꺼냈다.

"어제 연세대에서 특강을 할 때 누가복음 11장 50, 51절의 '창세 이후로 흘린 모든 선지자의 피를 이 세대가 담당하되 곧 아벨의 피로부터 제단과 성전 사이에서 죽임을 당한 사가랴의 피까지 하리라' 라는 말씀을 나누면서 큰 감동이 있었거든요. '이 시대에 하나님이 당신의 나라를

주님도 애통하는 자였구나
그래서 예루살렘 성을 보시고
멸망과 황폐를 아시고 그토록 우셨구나

위해 흘린 그 피들을 도로 찾으시고 그것을 통해 회복을 이루신다' 는 말씀을 나누며 얼마나 감동했는지 모릅니다. 그런데 오늘 감독님의 말을 들으니까 '그것이 사실이구나. 억울하게 희생한 죽음들, 토마스 선교사나 김선일 같은 애통하는 마음들이 뿌린 씨앗으로 부흥을 주시겠구나' 하는 확신이 듭니다."

주님의 섭리는 측량할 수 없다. 나는 놀라고 또 놀랐다.

'이것이 〈애통〉의 비밀이구나. 단순히 자신의 죄나 연약함을 붙들고 슬퍼하는 것을 넘어, 거대한 하나님나라의 회복과 통일, 부흥의 의미를 그 안에 담고 있는 거구나.'

나는 정 교수가 나누었다는 말씀을 생각하며 또 다른 말씀이 있음을 직감했다.

> 가까이 오사 성을 보시고 우시며 가라사대
> 너도 오늘날 평화에 관한 일을 알았더면 좋을 뻔하였거니와
> 지금 네 눈에 숨기웠도다
> 누가복음 19:41,42

"주님도 애통하는 자였구나. 그래서 예루살렘 성을 보시고 멸망과 황폐를 아시고 그토록 우셨구나. 하나님이 그렇게…"

가슴이 미어지는 듯했다. 도대체 애통하는 자의 비밀이란 무엇인가? 생각지 않은 영역으로 흘러가는 애통의 길 한 모퉁이에 서서 나는 해 뜨기 전 우물가에 서 있는 듯 숙연해졌다.

애통의 풍경 속으로 ──

나는 팔복의 두 번째 작품 〈애통〉을 본격적으로 만들어야겠다고 생각했다. 이제는 머뭇거릴 수가 없다. 그렇게 마음먹고 있을 때 조은령 감독의 어머니에게서 메일이 왔다.

그녀의 아버지가 딸이 드러나는 걸 내켜 하지 않는다는 것이었다. 나는 부모님의 심정이 이해가 되었다. 내가 헤아릴 수 없는 아픔을 가지셨을 것이다. 그러나 이것은 주님께서 내게 주신 프로젝트다. 이제 와서 멈출 수가 없는 일이었다. 조은령 감독도 〈애통〉의 맥락 속에서 주님이 소개해주신 것이다.

'주님, 다른 것이라면 몰라도 이것은 포기할 수가 없습니다. 부모님의 마음을 위로해주세요.'

간구의 마음을 담아 답장을 보냈다. 문득 조 감독의 어머니가 하신 말씀이 생각났다.

"은령이를 낳고 이 아이가 소외된 자들의 친구가 되면 좋겠다는 기도를 했었거든요. 그래서 그 아이가 그런 영화들을 만들었나 봐요. 전에는 천국에 대해 막연히 생각하고 교회를 다녔지만, 은령이가 이렇게 되고 나니 천국은 추상적인 것이 아니라 반드시 있어야만 하는 것이라는 생각이 들어요."

나는 〈애통〉을 통해 하나님나라의 실재를 나누시려는 하나님의 열망이 있다고 믿었다. 하지만 이상하게 편지를 받고 나서부터 마음이 위축되었다. 의욕을 가지고 시작하려던 마음이 갑자기 들이닥친 다른 일들에 시달려 흐지부지해졌다.

"이토록 나란 존재는 연약합니다."

그렇게 구하면서도, 어떤 부담이 있어도 가리라 의욕을 불태운 것과 달리 〈애통〉에 대한 열망은 점점 시들해져 갔다.

그러던 어느 날 코스타KOSTA의 곽수광 목사가 작업실에 왔다. 5월 초에 열리는 북경 코스타에 함께 가자는 것이다. 코스타는 해외 유학생 수련회다. 여러 차례 제의를 거절했는데, 이번에도 두고 보자는 결론을 내렸다.

〈애통〉은 잠깐 접어두고 오래전부터 마음에 품고 있던 '교회사에 나타난 하나님의 섭리와 부흥'에 대한 작업을 하려는 중이었다. 그런데 곽수광 목사는 뜬금없이 짐 엘리엇Jim Elliot에 대해 말하기 시작했다.

"미국의 스티븐 커티스 채프먼이 짐 엘리엇에 대한 공연을 했는데 공연 디브이디가 나왔어요. 영상이 정말 감격적인데 보신 적 있으세요?"

"최근 그를 소재로 한 〈빛의 문을 넘어서Beyond the Gates of Splendor〉라는 다큐멘터리 영화가 개봉됐다는 소식은 팔복을 본 미국 형제가 말해줘서 알고는 있었는데, 공연 소식은 못 들었습니다."

엘리엇은 기독교 명문인 휘튼대학을 수석 졸업한 후 남미의 에콰도르 아마존 유역에 선교사로 자원했다. 1956년 1월 8일, 다른 네 명의 동료들과 함께 당시 가장 악명이 높고 접근하기가 어려운 아우카 부족에게 복음을 전하려다가 그들의 창에 찔려 순교했다.

아우카 부족은 수백 년 동안 외부인들을 죽여왔다. 그 사실을 알고도 엘리엇과 친구들은 그곳으로 들어간 것이다. 그때 엘리엇의 나이는 불과 스물여덟 살… 친구들도 모두 살해되어 강에 버려진 채 발견됐다. 생각지도 않았던 엘리엇의 생애를 열심히 설명하는 곽 목사를 보면서 '이분이 왜 갑자기 나타나 이런 이야기를 하는가?' 가슴이 철렁하기도 하고 이상한 기분이 들었다. 짐 엘리엇의 순교 이야기는 바로 〈애통〉의 주제였기 때문이다.

엘리엇의 나이는 불과 스물여덟 살…
친구들도 모두 아우카 부족에 의해 살해되어
강에 버려진 채 발견됐다

"제가 애통하는 자의 맥락에서 짐과 같은 사람들을 주인공으로 생각하는 걸 혹시 아세요?"

나는 슬쩍 물어보았다.

"아니, 모릅니다. 그건 처음 듣는데요."

곽수광 목사가 대답했다.

'참 이상한 일이다. 주님이 원인 모를 의욕 상실에 빠진 나를 다시 〈애통〉 작업에 끌어들이려고 이분을 보냈나?'

그런 생각이 들었다.

내 가슴을 흔들어놓고 곽수광 목사가 돌아가자, 나는 인터넷으로 짐 엘리엇에 대해 조사를 했다. 당시 《라이프LIFE》지는 이 비참한 사건을 장장 열 페이지에 달하는 기사로 다루면서

"What a unnecessary waste! 이 얼마나 불필요한 낭비인가!"라고 의문을 제기했다. 세상의 가치와 안목으로 판단하면 당연하다.

촉망받던 인재들이 하나님의 인도를 받고 갔던 선교지에서 복음을 전해보지도 못한 채 죽은 것이다. 인생의 꽃을 피워보지도 못한 20대의 청춘에 갓 결혼한 남편이 처참히 죽었는데, 짐의 아내 엘리자베스는 기자들에게 정색을 하며 이렇게 말했다.

"말씀을 삼가주세요. 낭비라니요? 내 남편의 죽음은 낭비가 아니었

습니다. 그는 온 생애를 이것을 위해 준비했던 사람입니다. 바로 이 시간을 위해 살아왔던 사람입니다. 그는 하늘이 주신 자기의 책임을 수행하고, 생의 목표를 달성하고 죽은 행복한 사람입니다!"

가슴이 뭉클해지는 말이다. 무엇이 그런 확신을 줄 수 있었는가. 세상이 모두 어이없는 죽음이라 여기는 상황에서 엘리엇의 아내는 그렇게 말했다. 무엇보다 20대 중반의 젊은이들이 이런 깊은 진정성을 가질 수 있다는 것이 놀라웠다. 엘리엇이 대학 시절 쓴 일기를 보면 엘리자베스의 말이 충분히 입증된다.

하나님께 기도합니다. 이 쓸모없는 나무 개비에 불을 붙여주소서.
그리고 주를 위해 타게 하소서. 내 삶을 소멸하소서.
나의 하나님이여, 이것은 주의 것이니이다.
나는 오래 살기를 원치 않습니다.
오직 풍성한 삶을 살게 하소서, 당신과 같이… 주 예수님이여!

가슴이 벅차오른다. "나는 오래 살기를 원치 않습니다. 오직 풍성한 삶을 살게 하소서, 당신과 같이…" 그 기도에 응답하신 것일까.

짐 엘리엇은 '전능자의 그늘 Shadow of the Almighty' 아래서 서른세 해를 살다 가신, 그러나 아직도 살아서 세상을 변화시키시는 그분과 함께 영원한 삶을 살기를 구했다. 삶의 길이가 어떠하든지 그가 드린 것들의 규모가 무엇이든지 그 소망과 희열을 그리워하고 믿고 바라던 영혼이었다. 짐이 남긴 다음과 같은 유명한 말이 그러한 짐작을 뒷받침해주고 있다.

"He is no fool who gives what he cannot keep to gain what he cannot lose! 영원한 것을 얻고자 영원하지 않은 것을 버리는 자는 바보가 아니다!"

그러고 보니 미국에서 한 형제가 며칠 전 엘리엇에 대한 영화가 나왔다며 버드나무 사이트에 소식을 급히 전했고, '갱자' 라는 자매는 영화의 디브이디를 구해주려고 백방으로 노력했다고 했다.

'그 이유가 주님이 나를 일깨우시려는 것이었구나. 세상의 아픔과 애통들을 드러내어 위로의 근원을 나누시려는 주님의 심정이었구나.'

〈애통〉을 다시 시작하게 하시려는 애타는 주님의 마음을 절감했다.

"주님, 그 마음을 알겠습니다. 용기를 내어 열심히 하겠습니다."

곽수광 목사는 떠나기 전, 장신대 전 총장이었던 서정운 목사님이 인도네시아에 갔을 때의 이야기를 들려주었다. 오랫동안 준비를 하고 하나님의 부르심으로 그곳에 온 젊은 미국인 여선교사가 도착하던 날 강도의 습격으로 죽고 말았다는 것이다.

도대체 어찌 그런 일이 있을 수 있는가. 그동안 그녀를 인도하신 하나님은 어디 가시고 어이없는 죽음은 어떤 의미란 말인가. 서 목사님은 오랫동안 충격과 고민에 휩싸였다고 했다.

나는 한재성 선교사의 부인 김진희 선교사를 떠올렸다. 주님을 위해 드려진 그의 삶은 카자흐스탄의 강도들에게 송두리째 빼앗긴 것이다. 한재성 선교사를 만나봐야겠다고 생각했다.

'〈애통〉을 만들어야 한다. 멈출 수 없다. 연결해주신 이들을 모두 찾아가 주님의 마음을 알아봐야 한다.'

나는 황혼 녘 변두리에 버려진 사내처럼 외로운 다짐을 하였다.

며칠 후 곽수광 목사가 준 스티븐 커티스 채프먼의 공연 영상을 보았다. 짐 엘리엇과 동료들이 살해당한 지 수십 년이 지난 후 그들이 죽은 마을에서 수백 개의 교회가 생겨났다는 내용이 노래와 함께 전개되었다.

마을 교회의 목회자와 함께 교회를 섬기는 원주민들이 무대에 섰는데, 엘리엇이 죽고 나서 태어난 아들이 그 교회의 목사가 되어 있었다. 더욱 놀라운 일은 장로와 교사로 교회를 섬기는 그들이 바로 엘리엇과 그의 친구들을 죽였던 원주민들이라는 것이다.

엘리엇의 아내인 엘리자베스가 남편이 죽은 후 간호사 훈련을 받고, 1년 뒤에 아우카 부족의 마을로 들어갔다는 사실도 놀라웠다. 아우카 부족은 외부에서 찾아온 남자는 죽여도 여자는 죽이지 않는 풍습을 갖고 있었고, 그녀는 5년 동안 이 부족과 생활하며 그들을 섬길 수 있었다. 5년 뒤, 떠나려는 엘리자베스에게 파티를 열어주며 추장이 물었다.

"당신은 도대체 누구입니까?"

그러자 엘리엇의 아내가 대답했다.

"저는 당신들이 5년 전에 죽였던 그 남자의 아내입니다. 남편이 가지고 있었던 당신들을 향한 사랑 때문에 나는 이곳을 찾아온 것입니다."

나는 이 이야기를 들으며 참을 수 없는 눈물을 쏟아야 했다.

"이것이 진정 애통의 풍경이군요."

하나님의 결실은 측량할 수가 없다. 피값을 치르고 그들을 얻은 것이다. 천하보다 귀한 생명을, 하나님나라의 성전을… 지금도 그 땅엔 수많은 역사들이 일어난다고 한다.

"애통하는 자란 이런 결실을 이루는 것이다. 어떤 희생과 헌신도 의미 없는 것이 없다. 부흥의 열매가 그들에게 진정한 위로이다. 그리고 십자가가 없는, 애통이 없는 부흥이란 없는 것이다."

나는 엘리엇을 좀 더 연구해보고 싶었다. 그가 남미의 열대 우림 속에서 죽은 지 40년 후인 1995년, 엘리엇이 졸업한 휘튼대학에서는 강력한 부흥이 일어났다. 40년이란 숫자에 하나님이 연결하신 의미가 있는지는 잘 모르겠다. 하지만 그때 일어난 부흥으로 수많은 학생들이 선배인 짐 엘리엇을 본받아 선교지로 나아갔다.

문득 토마스 선교사가 떠올랐다. 무언가 스치는 생각이 있어 그에 대한 자료도 급히 찾아보았다. 놀랍게도 1866년 토마스 선교사가 대동강 가에서 죽은 지 꼭 40년 후인 1907년에 역시 평양에서 대부흥이 일어났다. 참으로 묘한 우연의 일치다. 그러나 그들이 흘린 피와 하나님나라의 연관성은 결코 우연이 아니리라.

2004년, 갑자기 부흥에 대해 사로잡힌 후 평양 대부흥에 대한 다큐멘터리를 만들려고 여러 교회사 학자들을 인터뷰한 적이 있다. 《평양 대부흥운동》의 저자인 총신대 박용규 교수는 이렇게 말했다.

"토마스는 평양 대동강 가에서 제대로 선교도 못하고 어이없이 죽어갔지만, 그가 뿌린 성경이 씨앗이 되어 평양 최초의 교회인 널다리골교회가 되고, 그것이 커져서 평양 대부흥의 진원지인 장대현교회가 된 것이지요. 그러니 결국 토마스의 죽음은 평양 대부흥과 모종의 깊은 연관이 있습니다."

순교의 피와 애통하며 뿌려진 씨앗들은 부흥의 매우 확실한 뿌리로 기능하고 있다. 나는 부흥을 연구하라는 성령의 사로잡힘 가운데 〈애통〉에까지 이르렀다. 이제는 더 망설일 수가 없다.

"〈애통〉의 진정한 의미를 기어코 쟁취하겠습니다."

나는 홀로 분연히 다짐하며 다시 〈애통〉으로 돌아왔다.

다시 불러 모으신다

결국 곽수광 목사의 제안대로 북경 코스타에 갔다. 솔직히 말하면 유학생들에게 강의를 하는 것보다 또 다른 이유가 있어서였다.

'전도문을 북경에도 평양에도 도처에 붙여야 할 텐데…'

북경에서 광복군으로 활동했던 최춘선 할아버지는 평소에 늘 중국 땅에서 전도하는 꿈을 키우셨다. 〈가난한 자〉에서 그 장면을 대할 때마다 혼자 다짐하곤 했었다.

"할아버지, 언젠가 그 소원을 이루어드릴게요."

코스타에서 소망대로 〈가난한 자〉를 틀고 간증을 했다. 이미 중국 땅에서도 할아버지의 헌신이 많은 영향을 끼치고 있었다.

"감독님은 이 영상이 얼마나 놀라운 영향을 끼치고 있는지 잘 모르시지요?"

행사를 주관하는 21세기교회의 김 선생이 말했다.

"어떤 영향을 끼치는데요?"

"저 란주蘭州라는 오지에서 사역하는 선교사들이 이 영상을 보고 감동해서 더 깊은 오지로 재헌신을 해서 갔다고 알려왔습니다. 지금 있는 곳도 정말 어려운 곳인데, 팔복을 보고는 그곳조차 편한 곳이라면서 간

거지요."

그러고 보니 언젠가 란주에서 선교사 한 분이 전화를 한 적이 있었다.
"그냥 격려하고 싶어서 전화드렸습니다. 너무 수고하셨습니다. 귀한 영상을 만드시느라고."

내가 격려와 위로를 해야 할 현실에 있는 분이 그런 전화를 해서 기분이 묘했었다. 그런 사연이 있었구나… 팔복으로 생긴 변화와 에피소드는 놀랍다. 진정 주님의 임재가 아니고는 불가능한 역사들이, 상상도 못했던 체험과 변화들이 지난 몇 개월 동안 전 세계에서 일어났다. 이렇게 중국 땅의 보이지 않는 곳에서도 헌신과 충성의 결실이 있다니 감사할 뿐이었다.

"이 중국 땅에서 저에게 보여주고 싶으신 것들, 진정 깨닫게 하시고자 하는 것들을 보게 해주세요. 이곳에서도 애통의 풍경이 있다면 발견하게 해주세요."

그렇게 간절히 기도했다.

다음 날 몽골에서 온 손님이 강사 휴게실로 찾아왔다. 소년처럼 순수한 용모를 가진 이 선교사는 미국 하버드에서 역사를 전공한 후 몽골국제대학에서 학생들을 가르치며 사역하고 있었다.

"기도 가운데 주님께서 북경 코스타에 가라 하셨습니다. 국경절이어서 표도 구할 수도 없고 하나님 뜻이라면 세 가지 응답을 해달라고 구했는데, 불가능함 속에서 표를 구해주시고 세 가지를 다 응답해주셔서 이렇게 왔습니다."

나는 그에게 흥미를 느꼈다. 하버드에서 역사학을 전공한 학자가 몽골이라는 오지에 간 사연이며, 어려운 상황 가운데서도 하나님께서 이곳으로 이끈 이유가 무얼까 궁금했던 것이다. 그런데 강사들과 대화하는 가운데 그가 한 말이 나를 자극했다.

"저는 백 투 예루살렘을 서진西進운동으로 보지 않습니다."

다른 강사들이 신경도 쓰지 않는 그 말이 화살처럼 내 귀에 꽂혔다. '백 투 예루살렘 운동'은 지금 한국은 물론 중국 교회와 중앙아시아 선교의 가장 중요한 관심거리다. '애통'이 '예루살렘의 회복'을 향한 것이라는 깨달음을 가진 내게도 그것은 중요한 화두였다.

예수님이 전파한 복음이 바울과 제자들을 통해 서유럽에 전해졌고, 청교도들의 이주로 아메리카, 미국 땅에서 열매 맺었으며, 선교사들에 의해 한국과 일본, 중국으로 이동했다. 이제 중앙아시아를 통해 이슬람권과 예루살렘에 전해질 것이다. 백 투 예루살렘 운동은 복음이 결국은 '다시 예루살렘으로 돌아간다'는 의미다.

"대부분 그것을 서진운동이라 생각하는데, 그것이 아니라면 그럼 무엇인가요?"

한구석에 버려진 짐짝처럼 무심히 있던 내가 불쑥 물었다.

"서유럽이나 미국 교회의 안목으로 보면 그렇지만 하나님의 시선으로 보면 그 땅들은 복음의 씨앗이 파종되지 않은 개척지가 아니라 이미 오래전에 뿌려진 곳입니다. 하나님께서는 잃어버린 자들을 다시 찾으시는 것이지 복음이 전해지지 않은 곳을 개척하거나 개종하는 의미가 아니라는 것이지요."

'하나님의 시선'이라는 말이 큰 울림으로 다가왔다. 약간 떨리는 소리로 서슴없이 의견을 피력하는 그에게 점점 끌리기 시작했다.

"하나님께서는 그 땅에 당신의 그루터기들을 두셨고, 우리가 모르는 하나님의 역사와 상황 속에서 순교와 희생으로 씨 뿌려진 것들을 하나님의 방식으로 다시 불러 모으신다는 깨달음을 얻게 해주셨습니다."

이것이 바로 〈애통〉의 본질이다.

'우리가 모르는 역사와 상황 속에서 순교와 희생으로 뿌려진 씨를 하나님의 방식으로 다시 불러 모으신다.'

이처럼 명확하게 '애통'의 의미를 표현한 말이 어디 있단 말인가. 속내를 감추긴 했지만 하나님께서 이용규 선교사를 북경에 가라 하신 이유가 나를 만나라는 뜻으로 해석되었다.

"내가 기도한 것의 응답으로 주님이 보여주시려는 것인가?"

예기치 못한 주님의 섭리에 몸이 떨릴 지경이었다.

우리가 모르는 역사와 상황 속에서
순교와 희생으로 뿌려진 씨를
하나님의 방식으로 다시 불러 모으신다

바울의 발자취를 따라서 마케도니아의 데살로니가에 갔던 기억이 났다. 알렉산더의 문양이 도처에 깔린 기차역에 내리자 독특한 복장을 한, 두 명의 사제들이 보였다. 그들도 바울의 흔적을 보려고 중앙아시아의 그루지야에서 왔다고 했다.

"우리나라에 복음의 씨를 뿌린 분은 제자 안드레입니다."

"예수님의 제자, 안드레 말입니까?"

놀라는 나를 향해 사제들은 푸근한 웃음으로 끄덕였다.

그 만남은 나에게 신선한 충격을 주었다. 나 또한 바울과 그의 동역자들이 전도를 했던 유럽과 소아시아를 하나님 선교의 전부라고 바라봤던 적이 있었기 때문이다. 시리아의 다마스커스에 이르렀을 때 직가直街 동쪽 끝에 아나니아의 집 유적을 촬영하다가 맞은편에 있는 아르메니아 교회에 우연히 들렀었다.

온갖 핍박을 받으며 신앙을 유지해온 그들의 조국, 중앙아시아 아르메니아도 이미 예수님 당시 제자들에 의해 복음이 전해진 곳임을 알았다. 그 후부터 나는 하나님의 역사에 대한 새로운 생각들을 키웠다.

"유럽이나 미국 중심의 하나님 역사라는 시야를 탈피하는 더 큰 '우주적 그리스도'를 꿈꾸어야겠습니다. 내가 알지 못했거나 무시해온 하나님의 섭리들을 알게 해주세요."

그렇게 기염을 토하면서 언젠가는 그런 주제로 다큐멘터리를 만들

연구를 혼자서 하고 있었던 터다.

"오늘 이 선교사님 말씀을 들으니까 그때 생각이 나네요. 그러니까 하나님은 바울이 복음을 전한 서유럽만이 아니라 다른 제자들과 이름 모를 사역자들을 통해 동유럽, 아프리카, 중앙아시아, 중동 지역에도 복음의 씨를 이미 뿌리셨고 그것을 다시 거두어들이신다는 말씀이시지요. 하긴 인도에는 도마가 씨를 뿌렸고 이집트에는 마가와 마태가 복음을 전했으니…."

이용규 선교사와 함께 옆방에서 본격적인 인터뷰를 하기로 했다. 그는 나의 즉흥적인 제안에 기꺼이 응해주었다.

"지금 백 투 예루살렘의 중요한 지점이라고 하는 중앙아시아에도 굉장히 많은 기독교인들이 있었습니다."

이 선교사의 말은 거침없이 전개되었다.

"제가 있는 몽골의 울란바토르를 장악했던 '요한 프레스터 Prester John'로 알려져 있는 옹칸이 크리스천이 된 계기는 이렇습니다. 눈보라가 치던 날, 옹칸은 산에서 길을 잃습니다. 이제 죽었구나 하는데, 환상 가운데서 성자가 나타나 예수를 주로 고백하면 길을 보여주겠다고 합니다. 그가 '네' 하고 대답하자 성자가 양으로 변해서 길을 인도합니다. 그렇게 살아난 후 자기 부족민들을 모으고 거기에 와 있던 기독교 선교사들을 오라고 해서 체험을 말합니다.

선교사들은 놀라면서 옹칸과 전체 부족민들에게 복음을 전하고 세례를 줍니다. 놀라운 것은 현재 부흥이 강력하게 일어나는 내몽골의 지역들이 과거 요한 프레스터가 활약하던 곳이라는 것입니다. '빠호트'라는 지역도 어려운 시기에 강력한 부흥이 일어난 곳인데, 거기도 옹칸 부족의 후예인 옹고트 족의 활동 무대였습니다. 그러니 이미 그 땅에는 오래전에 복음이 전해졌고, 그들이 뿌린 믿음의 씨앗들을 하나님께서 다시 찾으시는 것, 그것이 부흥인 것입니다."

하버드에서 역사학을 공부한 학자답게 그의 인터뷰는 막힘이 없었다. 무엇보다도 '믿음으로 뿌린 씨앗들을 하나님이 다시 찾으시는 것, 그것이 부흥'이라는 논지는 그동안 깨달아온 〈애통〉의 핵심이었다. 내가 전혀 알지도 못했던 이 선교사가 나타나 동일한 깨달음으로 역사적 사실들에 바탕해서 하나님의 섭리와 부흥의 의미를 전개하는 데에는 무어라 할 말이 없었다.

'주님이 그것을 전해주시려고, 애통과 부흥에 대한 나의 시야를 넓혀주시려고 이분을 보내셨군요.'

그는 계속해서 기독교가 옹칸 훨씬 이전에 이미 인도, 중앙아시아에 들어왔고, 중국의 당나라까지 들어오게 되었음을 자세히 설명해주었다.

안목이 확 트이는 느낌이었다.

'내가 알지 못했구나. 난 아직 너무나 하나님의 역사를 모르는구나.

나에게 익숙한 문화와 신학적 영역 외에는 아직도 하나님의 마음이 품고 있는 것을 헤아리지도 못하는구나.'

진한 부끄러움이 가로막았다.

"우리가 흔히 생각하듯이 하나님이 복음의 진로를 서쪽으로 잡아서 빙 돌다가 미국에서 멈추시고, 나머지 지역은 천 년 정도를 쉬시다가 다시 복음을 전하신 것이 아니라고 생각합니다. 하나님은 전 인류를 향하여 동시에 당신의 사랑과 복음을 전하셨다고 믿습니다.

서유럽의 시각만으로 보면 하나님께서 다른 지역에서 일하심을 부인하게 됩니다. 우리가 잘 알지 못하지만 당신의 사람들을 보내시어 잊혀진 역사의 현장 속에서 피 흘리고 땀 흘리며 당신의 선교를 하게 하신 것입니다."

'우리가 알지 못하는 역사의 현장 속에서, 하나님의 일하심'

애통과 피 흘림과 눈물로 뿌려온 씨앗들….

'애통의 진정한 표상表象이 우리 하나님이시구나. 나의 어리석음과 무지로 하나님의 섭리들을 제한하고 깨닫지 못했구나.'

탄식의 바다에 묶인 작은 배처럼 뒤늦은 무지에 대한 후회에, 내 영혼은 어쩌지 못하고 흔들리기만 했다.

한 알의 밀알 그루터기들 ——

"우리가 바그다드를 생각할 때 이라크를 악의 축이다, 사단이 지배하는 곳이다 하는데, 사실 그 부분에 대해서도 하나님의 관점에서 다시 생각해야 합니다.

왜냐하면 하나님께서 오랫동안 그곳에 선교 센터를 두셨거든요. 아시아에서 기독교가 사라지게 된 것은 그곳에서 부흥하게 된 이슬람이 정치적인 세력과 결탁하여 기독교를 밀어내었기 때문입니다. 그렇게 연결 고리가 끊어지니까… 서구에서는 라틴어를 모체로 하는 교회들이 자라났고, 이라크를 중심으로 한 중동에서는 시리아어아람어를 모체로 교회들이 자라났지요. 시리아어는 예수님의 모어母語예요. 시리아어가 주요 선교 언어였는데 그 단절로 이 언어를 더 이상 쓸 수 없게 되니까, 결국은 그 지역의 선교가 끝이 나게 된 것이지요."

이용규 선교사는 갑자기 이라크의 바그다드에 대해 말했다. 그곳에 하나님이 오랫동안 두신 선교 센터가 있었다니… 전혀 생각해보지도 않은 얘기다. 하긴 그곳은 창세기의 노아 후손들이 살았던 곳이고 요나와 다니엘을 통한 하나님의 역사가 생생하게 숨 쉬던 곳이다.

그러나 나는 문득 그곳에서 죽은 김선일 형제를 떠올렸다. 그에 대해 깨닫게 하시려고 이 말을 듣게 하시는가.

"하나님의 관점에서는 지금도 이라크 땅이 의미가 있다고 보는 건가요?"

이용규 선교사는 석양에 정복당한 듯 들뜬 얼굴로 답했다.

"회복되어야 할 대상이지요. 그루터기들이 그곳에 있으니까. 오랜 세월에 걸쳐 수많은 하나님의 백성들이 씨를 뿌렸고, 하나님이 품고 있었던 땅이거든요."

'하나님이 품고 있는 땅' 이라는 말에 가슴이 저려왔다. 선일 형제는 하나님이 품은 지역을 회복하기 위해 오랫동안 준비하고 꿈을 키워왔다. 처참히 드려진 희생에는 분명 하나님의 깊으신 뜻이 있으리라.

"이라크의 시리안처치Syrian Church에서 예수님의 고난을 상징한 성화聖畵를 본 적이 있는데, 그토록 생생하게 예수님의 고난을 나타낸 것을 보지 못했어요. 지금도 그곳에서는 똑똑한 목사님이다 하면 1년 안에 죽어요. 어느새 끌려가서 시신도 찾지 못하는 죽임을 당하는 거지요.

그렇게 오랜 기간 고난을 받고 엄청난 사람들이 죽었는데, 아직도 교회가 이어지고 있어요. 서구 교회나 우리는 그들의 역사와 지금까지 계속되는 고통에 대해서 잘 모르지요. 이렇게 우리가 알지 못하는 희생과 애통이 있는데 하나님이 그들을 품지 않으실 리가 없습니다. 그들은 하나님이 그 땅에 남기신 그루터기들이거든요."

'그루터기', '남은 자' … 이것은 하나님이 당신의 역사를 이어오시는 방법이다. 언제나 거대한 주류보다 좁은 문을 관통하는 소수의 그루터기들, 우상에게 절하지 않는 경건한 남은 자들을 통해 당신의 나라를 이어오셨다. 하나님이 이라크를 품으신 그 사랑을 선일 형제를 비롯한 많은 죽음과 희생들을 통해서 오랜 세월 십자가를 지며 이어온 그루터기들을 통해서 열매 맺기 위해 얼마나 애쓰시는가. 그것을 알기 원하시는 우리 아버지의 마음이 저리게 느껴졌다.

"정말 이곳에서 주님이 보여주시길 원하는 것, 깨닫기 원하는 것을 구했는데 선교사님을 통해서 응답하셨나 봅니다."

감사의 뜻을 전하자 다시 소년처럼 수줍어진 이 선교사가 도리어 감사하다는 표정으로 밝게 웃었다.

북경에서 돌아왔다.

아침에 일어나 습관을 좇아 산에 올라 기도하려고 했다. 그런데 이상하게 마음이 무겁고 몸이 움직여지지 않았다.

"누적된 피로 때문인지, 마음은 원願인데 몸이 움직이지 않네요."

무심히 주님을 속으로 부르면서 책상에 앉는데, 북경에 다녀오는 사이 아내가 새로 마련한 책장이 눈에 띄었다. 겹겹이 쌓여 있던 책들이 정리되니 한결 보기가 좋았다. 정리된 책들 가운데서 잊고 있었던 제목

하나가 눈에 들어왔다. 이상하게 자꾸 눈에 들어왔다. 《케이프 브레튼에서 소래까지》. 언젠가 사두고서 읽지 않았던 매켄지 선교사의 전기다.

산에 가는 걸 잊고 무심히 책을 꺼내 읽기 시작했다. 매켄지는 캐나다 출신이다. 이 책을 쓴 유영식 교수는 캐나다 토론토대학 동양학부 교수다. 토론토대학이면 평양 대부흥의 발화점이 된 하디와 게일 같은, 초기 한국에서 헌신한 선교사들을 배출한 학교다.

100여 년 전 쓰인 《한 알의 밀알 A Corn of Wheat》이라는 책을 도서관에서 우연히 알게 된 유 교수는 매켄지의 삶에 감동하였고, 10여 차례나 도서관이나 지하철 같은 곳에서 읽었다고 한다. 그렇게 유 교수에게 심어진 매켄지에 대한 열정은 결국 취재와 연구를 통해 책으로 엮어져 이 아침, 나의 팍팍한 가슴에까지 오게 된 것이다.

매켄지는 1893년 12월, 한국에 들어와 황해도 소래 땅에서 선교 활동을 하다가 1895년 6월, 세상을 떠났다. 하늘의 소명을 받고 여비조차 없어 친구들의 후원을 받으며 캐나다를 떠나와 평신도 독립 선교사 자격으로 이 땅을 찾은 사람이었다.

그는 동학군이 점령하고 일본군과 접전을 하는 극한 어둠의 현실 속에서, 소래 사람들과 함께 남루한 한국 옷을 입고 농민들의 초라한 음식을 먹으면서 복음을 전하고 죽도록 섬기다가 주님 품으로 갔다. 한국에 도착한 지 고작 559일, 사역지 소래에서 섬긴 지는 겨우 313일, 약 10

개월 정도를 몇 차례나 죽을 고비를 넘기면서도 쉬지 않고 사랑하고 전도하고 나누었다.

'겨우 10개월을 사역하다 죽기 위하여 그토록 험난한 이 땅을 찾아왔단 말인가?'

나는 안타깝고 허무하기조차 한 그의 이력에 끌려가고 있었다. 100여 년 전 아무런 후원도 받지 못한 채 어두운 한반도로 오기 전에, 그는 혹한의 북극 땅에 가서 18개월간 전도를 했었다. 오직 주의 사랑에 매여… 그는 주님이 가셨던 것처럼 힘들고 고난받는 현실 속으로 가고자 했던 것이다.

지금은 상상이 안 되는 저 소래 땅 벽촌에서 보리밥에 나물을 먹으며 한 칸의 초가집에서 멍석을 펴고 이와 빈대에 뜯기며 "심판의 날 공중에서 큰 나팔 소리가 들릴 때까지 내 뼈가 그곳에 묻혀 있게 하소서"라고 서원했던 그는 너무나 걸어서 햇볕에 오래 노출되었고, 먹은 게 없어 영양 부족이라는 어처구니없는 고통으로 순교하고 말았다.

"북경에서 오자마자 기도 대신 왜 이 책을 읽게 하시는지… 주님의 의도가 있으신가요?"

통풍을 앓는 손가락같이 뼈저린 궁금증이 생겼다.

나의 마음은 더 이상 평안할 수가 없습니다.

예수님은 나의 유일한 희망입니다.
하나님께서 모든 것을 잘 보살펴주고 계십니다.
나는 너무너무 고통스러워 글을 쓰는 것도 힘이 듭니다.

― 매켄지가 어머니에게 보내는 마지막 편지 중에서

나는 가슴이 저렸다. 아니, 아파왔다. 매켄지는 다른 교인들이 주일 예배를 드리는 한구석에서 혼자 신음하다가 주님 품에 안겼다. 그는 그렇게 남이 모르는 곳에서 홀로 죽어갔지만 그의 헌신을, 그렇게 뿌려진 밀알을 하나님은 잃어버리지 않으셨다.

이 생生에서의 문은 그토록 처량하고 서럽게 닫혔지만 다른 영혼들에게 천국의 문이 활짝 열렸다. 그의 죽음이 알려지면서 수많은 변화와 결실들이 일어났고, 연해주의 캐나다 출신 선교사들과 그의 조국 캐나다에서 많은 청년들이 한국을 향해 선교사로 헌신했기 때문이다.

"그래서 그의 정신을 이은 캐나다 출신의 하디 같은 이를 통해 평양 대부흥의 역사를 시작하신 것이구나."

하나님은 그 희생을 사용하셨다. 그렇게 어이없게 죽어간 짧은 생을 축복하시어 그토록 바라던 주님의 나라가 열매 맺는 소망을 이루어주신 것이다. 이 책의 내용은 그것이었다. 책의 말미에서 하나의 성구를 만났다. 슬픔에 잠겨 기도하던 소래 사람들에게 주어진 말씀이었다.

> 너희는 가만히 있어 내가 하나님 됨을 알지어다
> 내가 열방과 세계 중에서 높임을 받으리라
>
> 시편 46:10

성구를 채 읽기도 전에 내 안에서 어떤 거대한 눈물이 솟구쳤다. 그것은 구체적으로 만져지지 않는 어떤 애통과 진실들에 대한 통곡이었다. 하나님은 이렇게 당신을 높이신다.

이름도 없이 허무하게 무의미해 보이는 모퉁이에서 썩어지는 밀알들, 그 작은 일의 날들과 헌신들이라고 무시하지 않으시고 그것으로 당신의 역사를 이루어가신다. 애통의 의미를 더욱 확증해주시기 위해서 주님이 이 책을 읽게 하신 것이다.

한 알의 밀알, 그루터기들… 이것은 북경 코스타에서 사람들을 보내어 내내 주신, 소박하지만 강렬한 하늘의 메시지였다. 그것이 어느 시대, 아무도 모르는 한 모퉁이 지층의 화석처럼 깊이 묻혀 있는 것이어도, 하나님은 당신의 그루터기들을 정확히 기억하시고 찾으시고, 가장 선하시고 아름다운 그때에 위로하시고 열매 맺으신다.

그분이 우리 아버지시다.

너의 눈물을 아신다 ──

나는 그렇게 매켄지를 통해 특이한 체험을 하였다.
'〈애통〉에 대해 이렇게 확증을 해주시는구나.'
주님의 사랑과 위로가 전해져 마음이 흥분될 정도였다. 아내와 딸과 함께 기도하려던 산에 올라 산책을 했다. 봄기운이 완연하다. 나비와 벌이 날아다니는 화사함을 무심히 바라보며 진정으로 내가 하나님이 품으신 것들을 담는 자가 되길 고요히 묵상하였다. 그리고 돌아와 누적된 피로에 눌려 낮잠을 잤다.
오후에 일어나니 뜻밖의 메일이 한 통 와 있었다. 김영수 집사… 처음 보는 이름이다. 무심히 메일을 읽어 내려가다가 나는 진동하는 핏빛 트럼펫처럼 끅끅 울기 시작했다.

김우현 감독님께
지난 저희 사랑의교회 새벽예배 때 하신
귀한 간증을 잘 들었습니다.
저도 개인적으로 이미 최춘선 할아버님의 팔복을 사서 보았는데
형제님의 간증을 들으니 더 은혜가 되었습니다.

저는 이비인후과를 개업하고 있는 의사입니다.

2004년 1월, 태국 북부 치앙라이로 의료선교 여행을 갔습니다.

그곳에 간 동기는 저희 교회 김종준, 양선주 집사님의 아들

김상렬 군이 봉사 활동을 갔다가 심장마비로 순교했기 때문입니다.

현지에 가서 저희가 느낀 감동이나 은혜가 너무 커서

일회성의 단기선교로 끝내기에 너무 아쉬운 마음이 들어

선교사님을 후원하기 위한 선교 후원 공동체를 만들었습니다.

형제님께서 간증을 하시면서 최춘선 할아버지를

하나님께서 자랑하고 싶어 하신다고 말씀하신 것처럼

우리의 사랑하는 형제 김상렬 군을 자랑하고 싶어

이렇게 글을 올립니다.

욕심인지는 모르겠지만 더욱 바라기는

하나님께서 주시는 마음의 소원이 있어 팔복 시리즈의 하나로

이 사연이 소개되었으면 하는 바람이 있습니다.

고민하고 기도하던 중 이렇게 글을 올리게 되었습니다.

부디 긍휼히 여겨주시기를 부탁드립니다.

그럼 항상 주 안에서 승리하시기를 바라며…

형제님! 사랑합니다.

알지 못하던 한 소년의 순교와 그 죽음을 〈애통〉의 의미 속에 포함시켜 달라는 편지… 주님의 역사가 아니고는 설명이 안 되는 것이다. 아침에 매켄지를 통해, 그의 안타까운 순교를 통해 나는 '한 알의 밀알'의 역사를 절절히 느꼈다. 그 여운이 채 가시기도 전에 편지가 온 것이다.

"우현아, 가라! 지체하지 말고 〈애통〉을 만들어라. 내가 찾고자 하는 순교자들의 피를, 이 세상 모든 곳에서 헌신하는 그루터기들의 열정을, 하나님이 품은 회복의 영역을 향해서 나아가라!"

그런 주님의 강력한 절규요 사인sign으로 와 닿았다.

〈애통〉에 대한 확증에 확증을 더하는 증거였다. 김상렬이란 이름, 태국의 오지에서 심장마비로 죽어간 작은 순교가 있음을 내가 어찌 알았겠는가. 그 분이 어찌 이런 편지를 갑자기 이 시점에서 보냈겠는가. 내가 안타까운 죽음들을 통해 〈애통〉을 만들려 하는지 어찌 알았겠는가.

"우리 하나님은 다 아십니다. 우리 아버지가 이렇게 하셨습니다. 소수만이 비밀처럼 간직한 희생을 알려주신 것입니다. 그분은 어디에 있든지 당신을 위한 작은 충성까지 다 보고 명확히 아시고, 기어코 하나도 잃어버리지 않으시고 열매 맺으십니다."

나는 최춘선 할아버지 이야기를 나눌 때마다 그런 간증을 했다.

"그 맨발의 의미를 누가 알았겠는가. 그 역사를 누가 상상이나 했겠는가. 그래서 우리 아버지시다. 그분이 우리 하나님이시다!"

방망이질하듯 두근거리는 감격의 외침이 내 영혼 깊은 곳에서 둥둥 둥 울려 퍼지고 있었다.

"하나님께서 이 일을 진행하신 겁니다. 그분이 아니면 불가능한 일입니다."

나는 즉시 김영수 집사에게 전화를 걸었다. 오히려 놀란 건 그였다.

"시간을 내어 곧 찾아뵙고 상렬이에 대해 촬영을 하겠습니다."

약속했지만 또 이상하게 여러 일들이 밀려와 약속을 지키지 못했다.

그런데 어느 날, 사랑의교회 성도 두 명이 찾아왔다. 윤동주가 '애통하는 자'라며 몇 번을 얘기하던 권준석 형제였다. 그는 〈가난한 자〉를 본 후 너무나 감격하여 날마다 연세대 운동장을 맨발로 돌면서 통일이 이뤄지길 기도하는 사람이다.

'하나님은 이렇게 보이지 않는 곳에서 열정으로 씨를 뿌리는 이들을 많이 심어놓으셨구나.'

그런 위로를 내게 주는 형제다.

"얼마 전에 다락방 모임에서 놀라운 분을 만났는데요. 최춘선 할아버지가 걸고 있던 전도판을 주셨답니다. 그 집사님과 같이 가서 자세히 말씀드리지요."

괄괄한 성격의 권준석 형제가 뜬금없는 전화를 하고는 다음 날 그

분과 함께 온 것이다. 그렇게 해서 만난 영어강사라는 조명원 집사는 너무나 특이한 외모를 가진 분이었다. 뽀글거리는 긴 파마머리에 노란 실로 'Christ' 라고 써진 연두색 털모자를 쓰고 있었다. 게다가 나비넥타이에 꽉 조이는 양복과 청바지, 운동화를 신은 모습이 겉멋 든 엉터리 신자이거나 매우 어설픈 기인奇人처럼 보이게 했다.

"팔복은 아직 못 봤구요. 지하철에 붙은 포스터를 보고 아, 그 분이구나 알게 되었습니다."

'할아버지를 안다는 사람이 아직 팔복도 안 보고, 저렇게 외모만 신경 쓰는 얄팍한 사람에게 할아버지가 당신의 전도문을 주시다니…'

평소의 나답지 않게 무언가 자꾸 판단되고 거슬리기만 했다. 그냥 형식적인 대화 가운데 최근 깨달은 '애통하는 자' 에 대해 나누게 되었다. 그런데 아무 말도 안 하고 듣기만 하던 문제적 인물인 조명원 집사가 조은령 감독을 안다고 뜻밖의 말을 했다.

"아니, 어떻게 아세요?"

"교회 잡지인 《우리》지에서 인터뷰할 때 제가 은령이 사진을 직접 찍었거든요. 조은령 감독을 만나고 나서 영화를 한다는 제 딸에게 조은령 감독 같은 사람이 되라고 했습니다."

나는 약간 당황했다.

"조은령 감독과 만남이 있었단 말이지요?"

"그럼요. 너무나 아름답고 귀한 친구지요. 딸아이하고도 만나기로 약속까지 했는데 그만 주님께로 갔지요."

정말 가슴이 아픈 듯 눈가가 붉어지며 눈물이 고였다. 약간 황당하기도 했지만 처음과는 다른 모습이 느껴졌다.

"제가 어떤 영화를 만들고 싶냐고 했더니 하나님의 랜드스케이프 landscape를 담는 감독이 될 거예요, 그러더라구요. 그렇게 영어 발음이 아름다운 아이는 처음 봤어요."

'하나님의 풍경landscape'을 담는 감독… 가슴이 벅차오는 말이었다. 순간 밀레의 〈만종〉에 그려진 황막한 대지 어디선가 자기 마음을 아프게 때리는 종소리를 듣고, 그저 고요히 감사를 드리는 농부가 된 듯 마음이 경건해졌다. '하나님의 풍경', 애통이란 하나님의 풍경을 만지는 것이다. 그런 생각이 다가왔다. 내가 외모로 판단했던 특이한 사람이 이런 아름다운 이야기를 전해주다니… 그를 판단했던 나 자신이 창피하고 부끄러워졌다.

'제가 이분을 외모만 보고 판단했습니다. 용서해주세요.'

속으로 회개하면서 새롭게 알게 된 상렬에 대해 이야기를 했다. 그런데 조명원 집사의 눈시울이 또 붉어지기 시작했다.

"지금 상렬이 이야기를 하시는 겁니까?"

"상렬이도 아세요?"

"그럼요. 저희 다락방 순장님 아들이에요. 제가 그 아이를 위해서 얼마나 기도해줬는데요. 그 아이가 죽었을 때, 하나님이 사랑하시는 아이를 먼저 데려가시는구나, 얼마나 울었는데요."

나는 입을 다물지 못했다.

"우리 순장님 말하는 것입니까?"

그를 데리고 온 권준석 형제도 당황하여 물었다.

'도대체 이게 무슨 일입니까?'

나는 속으로 주님께 물었다. 최춘선 할아버지가 전도문을 걸어주었다 해서 약간은 억지로 만난 사람이다. 그런데 생각지도 않았던 조은령 감독과 상렬에 대한 얘기를 하고 있는 것이다.

"상렬이 아버지 김종준 교수이화여대 의류직물학과님이 우리 다락방 순장님이신데, 그 아이가 부모님을 닮아 너무 순수하고 믿음이 발랐어요. 요즘 보기 드문 아이죠."

그러잖아도 분주한 일로 상렬에 대한 취재를 못하는 부담이 있었는데, 갑자기 찾아온 사람이 아이에 대한 자세한 정보를 주고 있는 것이었다. 이 현실은 무엇인가.

"김 교수님의 장남으로 태어난 상렬이는 선천성 심장병을 앓았답니다. 갓난아이가 너무 위독해서 상렬이 부모님은 '이 아이의 생명을 연장시켜 주시면 하나님의 아들로 드리겠습니다' 그렇게 기도했던 것이지

이 세상 어디에 숨겨져 있든지

주님은 당신을 위해 드려진 헌신과 갈망들을 아시는구나

요. 기도가 응답되어 위기를 극복하고 상렬이는 믿음의 아들로 잘 자랐습니다.

열아홉 살 때 미국 대학 진학을 앞두고 의미 있는 시간을 갖기 위해 국제 사랑의 봉사단원으로 태국의 치앙라이 산족 마을로 찾아갔지요. 빠마이 산족 아이들을 가르치는 교회 앞길을 닦다가 갑자기 심장마비로 주님 품에 가고 만 거예요."

그런 사연이 있었구나. 여러 일에 얽매여 또다시 〈애통〉에 전력하지 못하니까, 하나님이 조명원 집사를 보내어 조은령 감독과 상렬에 대해 알게 하셨다는 생각이 들었다.

'하나님의 풍경을 담고 싶습니다.'

그 말 하나만으로도 조은령 감독에 대한 충분한 진실이 우러나는 것이다. 그런데 그 작은 상렬의 희생까지 알게 하셨다.

'주님, 이토록 게으르고 악한 자에게 이런 사랑을 확증하고 또 확증해주시니 어찌해야 할지 모르겠습니다.'

너무나 어리석고 게으른 나 자신을 어쩌지 못한 채 멍하니 있어야 했다. 죄인의 괴수라는 생각까지 들었다.

"조 집사님, 죄송합니다. 솔직히 고백하면 제가 외모만 보고 판단했습니다. 용서해주세요."

정말이지 나는 부끄러웠다. 누구보다 중심을 보시는 하나님의 마음을 말해왔던 나다. 그래서 더욱 죄송하고 부끄러웠다. 조명원 집사가 내 손을 꼭 잡으며 말했다.

"아닙니다. 이미 알고 있었습니다. 하지만 이렇게 말씀해주시는 감독님이 훌륭하십니다. 저는 너무 행복합니다."

그러면서 다시 눈시울이 붉어졌다. 하나님의 풍경, 우리는 그 풍경 안에 있는 듯 마음이 뜨거웠다.

그날 저녁 권준석 형제의 주선으로 상렬의 아버지 김종준 교수를 만났다. 주님의 마음을 안 이상 더 지체할 수가 없었다. 엄청난 결실이 안 보여도 하나님나라를 향해 드려진 소망 자체를 실재로 평가해주신다는 깨달음과 '애통하는 자'의 의미를 설명하고서 상렬의 이야기를 촬영해도 되는지 물었다.

"그 아이가 태어나자마자 심장병으로 위험할 때, 우리 부부는 상렬이를 주님께 드리고 주님께서 주신 비전을 확실히 갖게 되었습니다. 상렬이가 치앙라이에서 주님 품에 안겼을 때, 히스기야는 기도해서 15년을 생명을 연장해주셨는데 우리 상렬이는 20년이나 연장해주셨구나 하는 감사한 마음이 들었습니다."

스무 해나 키워온 자식을 그렇게 보내고 감사를 찾을 수 있는 믿음이 놀라웠다. 너무나 나직하고 겸손해 보이는 분이어서 더욱 애절하게 느껴졌다.

"저는 정말 상렬이에 대해서 알지 못했습니다. 그런데 이런 연결을 보면서 이 세상 어디에 숨겨져 있든지 주님은 당신을 위해 드려진 헌신과 갈망들을 아시는구나, 더욱 깨닫습니다. 사실 상렬이가 한 일은 무슨 거창한 순교가 아닌 매우 작은 것입니다. 하지만 하나님의 계수計數는 다르다고 생각합니다. 지금 우리의 만남은 하나님께서 작은 희생까지 다 기억하신다는 증거입니다. 우리가 알지 못하는 헌신과 앞으로 그것으로 맺어질 결실의 의미까지 포함하여 애통의 본질을 찾으시는 분이 하나님이시라는 확증입니다."

김 교수는 처음 만났을 때보다 밝아지고 평온한 얼굴로 고개를 끄덕였다. 아들을 잃은 아비의 마음을 나는 잘 모른다. 하지만 거부할 수 없이 직면한 하나님의 현실들, 그 어떤 '애통'의 상처를 가진 이 앞에서도 의미를 나누어야 할, 어쩔 수 없는 부담이 내게도 있었다. 그것이 지금 내게 주어진 사명이기 때문이다. 그것이 또 다른 나의 애통이며 미안함이기도 했다.

"오늘 김 피디 님 얘기를 들으면서 정말 하나님이 우리 상렬이의 죽음을 받으셨구나 하는 확신과 감사가 생겼습니다. 하나님께 드렸다고 했지만 솔직히 슬픔이 남아 있는 건 사실이지요. 그런데 주님이 우리의 슬픔을 아시는구나 고통을 아시는구나 하는 기쁨이 생겼습니다."

김 교수의 말이 내게 위로가 됐다. 문득 "저희가 위로를 받을 것임이요", 이 말씀이 밤의 행로를 알리는 별빛처럼 영혼 깊이 빛났다.

'이렇게 우리 모두를 위로하시는구나… 주님이 우리의 슬픔과 눈물을, 우리가 품고 드린 헌신과 제사를 다 아신다. 우리의 이름을 아시고 발걸음을 아시고 모든 것을 헤아리신다.'

그것이 가장 큰 위로인 것이다. 그것을 나누시기 위해 우리를 이렇게 만나게 하신 것이다. '하나님의 풍경'… 그 아름다운 평화가 또다시 우리를 빙 둘러싸고 있었다.

애통하는 자는 복이 있나니

받을 것임이요…

내가 사랑하는 사람들이다 / 천국을 떠났던 천사 / 너무 보고 싶습니다
가리어진 희생 / 나는 살고 싶습니다 / 내가 약할 그때에
땅 끝에서 부르는 노래 / 열매로 거둬야 할 피값

04

우리가 품은 모든 소망과 열정과 마음이 이미 천국의 '실재實在'입니다.
그분이 우리의 아픔과 애통을 아시고 우리와 늘 함께하십니다.
그 어디에 있든지 반드시 우리의 충성으로 열매를 맺으십니다.
그러니 결코 절망하지 말아야 합니다.
주께서 각자에게 주신 동산에서 울며 씨를 뿌려야 할 이유가 거기에 있습니다.

내가 사랑하는 사람들이다

문득 카자흐스탄에서 순교한 김진희 선교사의 남편 한재성 선교사가 생각났다. 간혹 생각은 했지만 이제는 그를 만나야겠다는 절박함마저 일었다.

'아내에 대한 슬픔의 상처는 지금쯤 아물었을까?'

한 번도 만나지 않은 사람인데, 그를 생각하면 오랑캐꽃 홀로 피는 외딴길 같은 풍경이 떠오르곤 했다. 수원중앙침례교회에서 만들기로 했다는 그에 대한 영상 작업은 잘 진행되고 있는지 궁금했다. 인터넷의 홈페이지를 찾아갔다. '사무치는 날에' 란 한재성 선교사의 글을 만났다.

그리움이 사무쳐오는 날이다.
그리운 걸 어찌하리오.
보고 싶은 마음이 물밀 듯 찾아오는 것을 어떻게 피하리오.
그리움은 믿음과 별개인 것 같다.
믿음으로 승화시키고 극복하였음에도 불구하고,
그리움은 나의 맘을 점령해버렸다.
그러나 내가 나의 반쪽을 그리워하는 것은 무죄가 아니겠는가?

아침부터 아내에 대한 그리움이 밀려온다.

아내가 너무 보고 싶어서

아내를 사랑해주셨던 카작의 한 사모님께 전화했다.

그랬더니 그 분이 하시는 말씀은 '또 다른 행복'이 기다리고 있다고 한다.

또 다른 행복이라… 내게 그런 날이 정녕 오겠는가?

그리움은 외로움의 동무인가 보다.

그리운 만큼 내게 외로움이 커져가고 있다. I feel lonely.

아내에 대한 그리움이 내게 외로움을 가져다주었다.

나 홀로 있다는 느낌이 삶 구석구석에서 배어왔다.

기쁨과 슬픔의 감정을 함께 공유했던 그녀가 사라진 후,

나의 삶은 무미건조해져 가고 있다.

지금 내게 기쁜 일이 생겨도 허전한 마음뿐이다.

함께하던 님 때문에 슬픔도 무겁지만은 않았었는데,

지금은 고스란히 그 무게가 느껴진다.

나는 홀로 되었다. 그래서 천하에 홀아비가 되었다.

나는 총각도 아니고 그렇다고 결혼에 실패한 사람도 아니다.

나는 싱글도 아니지만 그렇다고 커플도 아니다.

그야말로 어설픈 홀아비일 뿐이다.

나는 준비도 하지 못한 채 두 시간 만에 홀아비가 되었다.

그리고 나의 두 딸도 두 시간 만에 엄마 잃은 자식들이 되었다.
두 시간 만에 뒤바꿔놓으신 나의 인생 속에서
주님은 이제 무엇을 원하시는지요?

가슴이 미어지는 듯 아려왔다. 이 사내를 만나야겠다는 생각이 들었다. 대전에서 어린 두 딸과 살고 있는 모양인데, 아직 아내를 잃은 상처에서 벗어나지 못하고 있음이 그가 쓴 글들 속에 고스란히 스며 있었다.

"한재성 선교사님은 요즘 어떻게 지내시나요?"

후원자로 연락처가 적혀 있는 나상진 목사에게 전화를 해봤다.

"아직도 너무 힘들어하고 있습니다. 주변에서는 하나님의 뜻으로, 그 열매로 순교한 것이니까 그만 슬퍼하라고 하는데, 그 친구는 쉽지 않은 모양입니다."

"부인을 무척 사랑했나 봐요?"

"너무나 사랑했지요. 어린 시절부터 같은 교회를 다니며 서로 연애하고 함께 헌신을 한 사이거든요. 한 선교사 전화번호 뒷자리가 0810인데, 8년을 연애하고 10년을 같이 사역하다가 간 것이지요."

로맨스 영화 같은 이야기다. 충청도의 어느 소박한 교회에서 알콩달콩 수줍은 사랑을 키우는 두 사람의 풍경이 상상되었다.

"제가 연락해봐도 될까요?"

"예, 이제 그 친구도 자리를 박차고 일어나서 하나님의 인도하심에 적극 나서야 한다고 생각합니다. 참 놀라운 간증이 많은데… 아내의 죽음을 얘기해야 하니까, 힘들어하고 움츠리는 것 같아요."

 더 본질적인 위로가 필요하다. 나 혼자 그렇게 생각했다. 한재성 선교사에게 연락을 하려는데 망설여졌다. 이 작업이 쉬운 일이 아님을 알았지만 내가 헤아릴 수 없는 상처를 지닌 이들에게 무언가를 말한다는 게 여전히 부담스러웠다. 그것이 하나님의 뜻이라도….

 "한재성 선교사님이세요?"
 "네, 그렇습니다. 누구세요?"
 힘없이 메마르고 건조한 목소리가 어느 서러운 고독의 골방에서 울리는 듯했다.
 "저는 김우현이라고 합니다. 팔복이라는 영상을 만든 사람인데요."
 딱히 나를 설명할 길이 없었다. 혹시 팔복을 보았다면 그것으로 내 소개가 될 것이란 생각이 들었다.
 "아, 팔복을 만드신 감독님이세요? 김우현 피디 님?"
 침울하던 목소리가 펴지며 반색하는 기색이다.
 "팔복 보셨어요?"
 "네, 너무 감동을 받아서 여러 번 보았습니다. 제 홈페이지에도 올려놓고요."

'주님 감사합니다.'

어떻게 말을 꺼내나 걱정했는데 역시 팔복이 인연이 되어주었다. 나는 조심스레 〈애통〉에 대해 설명했다. 그렇게 순교한 이들의 애통을 통해, 하나님이 결실하고자 하는 의미들에 대해 한재성 선교사는 묵묵히 듣고 있었다. 전에 나에게 한재성 선교사를 소개했던 그 집사는 그 후로 영상을 만들지 않는 듯했다.

"제가 한번 대전으로 찾아뵙지요. 부담 없이 뵈면 좋겠는데요…"

"팔복을 보고 너무 감동을 받아서… 정말 많은 위로를 받았거든요. 최춘선 할아버지는 정말 대단한 분이세요. 그 분은 지하철에서, 제 아내는 카작에서 순교를 했는데, 이렇게 연결되리라곤 생각 못했네요. 저도 감독님을 한번 뵙고 싶네요."

사랑하는 아내의 죽음… 그 슬픔이 아직 가시지 않은 이에게 촬영을 제의한다는 것은 쉬운 일이 아니다. 하지만 나는 해야 했다. 그 애통은 그만의 것이 아니다. 하나님의 것이기 때문이다. 그분의 풍경 안에 있는 것이기 때문이다. 감사하게도 주님이 팔복을 통해 마음을 열어주신 것이다. 어차피 그 또한 팔복의 인연 고리가 되는 것이다. 그와는 많은 얘기를 나누지 못했지만 친구 나상진 목사가 들려준 일화 한 토막이 자꾸 마음을 옥죄어왔다.

"카자흐스탄에서 불량한 친구들을 만나 아이들과 아내가 구타당하는 상황이 되었대요. 한 선교사가 태권도 선교사라 너무 화가 나서 힘으로 응대하려는데, 성령께서 막으시더랍니다. '내가 사랑하는 사람들이다. 내가 이들을 위해 너를 여기 불렀다.' 자기가 당하는 것은 참을 수 있지만 가족이 구타당하는 것을 참아야 하는 심정… 그날 밤 전화를 해서 그 얘기를 하며 펑펑 울더군요. 그렇게 성령에 순종해서 참아내며 사랑했던 민족이 그 친구에게 고통을 안겨준 것이지요."

'내가 사랑하는 사람들이다.'

그것이 하늘의 마음인 것이다. 이 모든 슬픔과 아픔의 의미들은 다 그 사랑 때문이다.

천국을 떠났던 천사

상렬의 순교기념관 설립예배에 참석하기 위해 충남 서산에 있는 꿈의학교로 갔다.

'2001년 8월, 국제 사랑 봉사단 17기 단원으로 태국 치앙라이의 빠마이에서 단기선교 활동을 펼치던 중 스무 살의 일기로 마감, 사랑의 꽃씨로 남은 고故 김상렬 군을 기립니다.'

팸플릿에는 그렇게 적혀 있었다.

"상렬이 육신이 떠나간 지 3년이 됐습니다. 그러나 늘 곁에서 우리 영혼을 일깨워주는 아들로 남아 있습니다. 상렬이로 인해 많은 열매가 맺히기를 기도했습니다. 빠마이 선교지를 방문하는 이들에게 많은 메시지를 전해주고, 힘들고 지칠 때마다 그 분들에게 힘을 주고 있습니다.

하나님께서 하시는 일이 참 오묘하고 깊습니다. 팔복을 만드신 김우현 감독의 〈애통〉에 연결된 것도 주님의 놀라운 섭리라고 믿습니다."

김종준 교수가 인사말을 했다.

"〈애통〉 작업에 상렬이가 연결된 것이 큰 위로가 된 모양입니다. 교수님과 부인 양선주 집사님의 표정이 많이 밝아지셨어요."

같이 와준 권준석 형제와 조명원 집사가 말했다. 이 영상을 만드는 과정 자체가 위로의 의미를 가질 수 있음이 참 감사했다. 어쩌면 그것을 위해 나를 부르셨는지도 모른다는 생각이 들었다.

꿈의학교 학생들이 특송을 불렀다.

내 마음에 주를 향한 사랑이
나의 말엔 주가 주신 진리로

나의 눈에 주의 눈물 채워주소서
내 입술에 찬양의 향기가
두 손에는 주를 닮은 섬김이
나의 삶에 주의 흔적 남게 하소서
하나님의 사랑이 영원히 함께하리
십자가의 길을 걷는 자에게 순교자의 삶을 사는 이에게
조롱하는 소리와 세상 유혹 속에도 주의 순결한 신부가 되리라
내 생명 주님께 드리리

복음성가 〈십자가의 길, 순교자의 삶〉 중에서

'내 생명 주님께 드리리.'
너무나 익숙하고 자주 드리는 찬양이 이토록 가슴 저리게 다가온 적은 없었던 것 같다. 하나님나라를 향하는 처절한 희생과 헌신을 만졌기 때문일까? 상렬은 자기 생명을 다 드린 것이다. 그리고 하나님은 겨자씨처럼 작은 헌신 안에 깃든 하나님나라를 이미 받으신 것이다.
김상렬 형제 기념관 사랑의 교실. 학교 건물 한 모퉁이에 카페처럼 아담하게 자리하고 있었다.

친구 김상렬, 주께서 주신 동산 이곳 땅 끝 빠마이에서

주님 품에 가기 얼마 전에 이른 새벽 혼자 일어나
새벽기도를 참석하고 찬양을 하던 모습이 잊혀지지 않습니다

땀 흘리며 씨 뿌리다 그의 20년 삶을 주께 드렸습니다.

작은 기념비에 새겨진 문장이 마음을 울렸다.
"땅 끝", "주께서 주신 동산", 그곳이 어디든지 눈물로 뿌리는 씨앗을 주님은 거두신다. 상렬의 어린 시절 사진들이 전시되어 있다. 심장병으로 고생하던 갓난아기, 백일, 돌, 포동포동 귀여운 초등학교 시절, 제법 늠름한 고등학생, 빠마이에서 봉사하는 모습들….
"주님 품에 가기 얼마 전에 이른 새벽 혼자 일어나 새벽기도를 참석하고 찬양을 하던 모습이 잊혀지지 않습니다."
빠마이에서 사역하는 정도연 선교사가 말했다.
"길을 닦는 일을 하다가 심장마비로 죽어가던 그 표정이 천사와 같았다고 사람들은 증언했습니다. 자신의 죽음을 꿈속에서도 예감했는지 '지금은 안 가고 싶어요. 더 있다 가면 안 돼요?' 그런 잠꼬대를 했다고 합니다."
"상렬이에게 선교사가 되라고 늘 얘기했는데, 엄마 되긴 될 건데 아직은 아니고 조금 있다가… 그랬어요. 아침마다 난 효자입니다, 난 하나님과 이웃을 사랑합니다, 다녀오겠습니다, 그 인사를 꽤 오랫동안 했거든요. 정말 이 아이가 효자구나, 하나님과 이웃을 사랑했구나, 그런 생각이 더욱 들었지요."

양선주 집사의 눈가에 물기가 어린다.

'효자', '하나님과 이웃 사랑' 보다도 '다녀오겠습니다' 그 말이 내 심장에까지 들어와 떠나지 않는다. 천국을 떠났던 천사가 '다녀오겠습니다' 그 인사를 하고 이 땅에 내려와 살다가 다시 본집에 돌아간 것이다. 아니면 잠시 천국에 먼저 여행을 떠난 것인지도….

너무 보고 싶습니다 ──

서산에서 한참을 달려 한재성 선교사를 만나기 위해 대전으로 갔다.
한 선교사는 그늘지고 수심이 가득한 표정이었다.
"촬영하는 것은 영 내키지 않는데…."
아내의 죽음을 다시 기억하고 싶지 않은 듯했다.
"사실, 아직도 슬픔을 극복하지 못한 상태거든요."
금세 눈시울이 붉어진다. 이런 사람에게 인터뷰를 청하는 것이 잔인한 일이라는 생각이 들었다. 쉬지 않고 먼 길을 달려왔지만 포기해야 할지도 모른다.

"하나님이 제 아내를 그 땅의 회복과 민족들을 구원하기 위해 희생제물로 받으셨다고 생각합니다. 그게 아니라면 이해할 수 없는 일이지요. 10년 동안 너무나 행복했고 오직 이 길만 걸어왔는데 그렇게 거두어 가시는 걸 보고 정말 많이 힘들었습니다."

다행히 한 선교사가 말을 해주었다.

"처음엔 이해하기 힘드셨겠어요?"

"네."

단호한 답이다.

"처참하게 살해당한 모습을 봤으니까요."

그리고 눈물이 쏟아진다. 태권도 선교사인 그의 강해 보이는 구릿빛 얼굴에서 샘솟 듯 뜨거운 눈물이 쏟아진다.

"아이구, 죄송합니다."

한마디 던지고는 고개를 떨군 채 여전히 말을 잇지 못한다. 애처로운 순간을 피하고자 잠시 딴 생각을 했다. 그러자 예기치 않게 토마스 선교사가 떠올랐다.

'토마스도 아내를 잃고 이렇게 비통해했겠지?'

언젠가 읽은 그의 이야기를 생각하며 서러운 풍경을 피하려 하였다. 부흥에 대한 작업을 하면서 영국 웨일스의 토마스 생가와 교회를 찾은 적이 있었다. 20대 초반부터 선교사가 되기 위해 애쓴 청년, 중국 상해에서 선교사 초년병으로 분주하던 그도 아내를 잃고 만다.

토마스에게 그 일은 너무나 큰 충격이요 절망이었다. 당시 누구나 꺼리던 조선 땅 평양까지 찾아와 복음을 전하다가 순교한 이면에는 아내의 죽음에 대한 절망과 방황이 깃들어 있는 게 아닌가 하는 생각이 들었다. 한재성 선교사를 보면서 그런 심증이 더욱 굳어졌다.

"그래도… 많이 회복을 주신 거예요."

한참을 울던 한 선교사가 침묵을 깨고 말했다. 토마스에 대한 생각은 나중에 더 키워보기로 하고 일단 접었다.

"조금씩 좋아지는데… 그렇게 보고 싶더라구요. 조금만 참으면 천국에서 만나는데 지금 당장은 너무 보고 싶더라구요."

이번엔 내 눈에 뜨거운 액체가 고였다.

'그렇게 보고 싶더라구요.'

정말이지 얼마나 보고 싶겠는가. 그 심정을 내가 온전히 헤아릴 수는 없다 해도 보고 싶어 하는 그 간절한 마음이 느껴졌다.

내 마음에 주를 향한 사랑이
나의 말엔 주가 주신 진리로
나의 눈에 주의 눈물 채워주소서

저렇게 웃는 사진을 보면 참 좋아요. 늘 웃고 있으니까…
언젠가 만나서 같이 웃어야지요. 지금은 실컷 울고…

"한국에 와보니까 제 아내를 위한 주제곡이 만들어져 있더라구요."

집으로 차를 몰면서 그는 찬양을 했다. 그를 만나기 전, 상렬의 기념예배에서 꿈의학교 아이들이 부르던 바로 그 찬양이었다.

"한국에 와서 보니까 이 찬양이 막 불려지더군요. 아, 아내를 위해 주님이 지어주셨나 보다 했지요. 카작에서 〈부흥〉이란 찬양을 처음 들었는데 카자흐스탄 땅을 보고 찬양을 만든 줄 알았어요."

"그 곡을 지은 고형원 전도사님을 만난 적이 있는데 느헤미야의 애통과 고백을 담아 만든 찬양이라고 했습니다."

"아, 그랬구나. 이 땅의 황무함을 보소서. 하늘의 하나님 긍휼을 베푸시는 주여…."

한 선교사는 혼자 찬양을 하기 시작했다.

"정말 카자흐스탄이 땅이 너무나 황무하거든요."

말하는 표정에 그 황무한 땅을, 자신을 고통으로 몰아넣은 그 땅을 아직도 그리워하는 그림자가 드리워져 있었다.

한재성 선교사는 대전의 외곽에 있는 허름한 아파트에서 성경, 진경 어린 두 딸과 살고 있었다.

"아이들이 자다가도 일어나서 통곡을 합니다. 엄마를 찾으면서…."

후원자인 나상진 목사가 전해준 말이다. 그 말이 가슴을 가장 아프게 했었다. 그런데 아이들은 생각보다 밝고 개구쟁이였다. 둘 다 책을 보느라 정신이 없다. 이별의 상처를 오래 붙들고 있기엔 아직 어린 나이다.

"집이 너무 지저분합니다."

한 선교사는 웃으며 널브러진 옷가지들을 치우기 시작했다. 오랜만에 비치는 웃음이다. 한구석에 있는 냉장고 문에는 아내와 가족 사진들로 빼곡하다. 사진만으로도 가족이 얼마나 행복하게 살았는지 알 것 같았다.

"어린 시절, 주일학교 때부터 같이 다녀서 친구 같아요."

벽에 걸린 결혼사진을 보며 쓴웃음을 짓는다. 그리고 성경 한 권을 집더니 옆에 묻은 핏자국을 보여준다.

"아내가 피살당할 때 옆에 있던 성경입니다. 피가 튀어서 묻은 자국이 아직 남아 있네요. 아내의 피입니다."

그러고는 울컥 다시 눈물이 고인다. 서글픈 표정을 어쩌지 못한다.

"아내 머리카락도 잘라놓았어요."

서랍을 여니 비닐 속에 머리카락이 한 움큼 들어 있다.

"유일하게 몸의 일부만 남겨놓았어요. 아내를 기억하고 싶어서…."

서러운 얼굴을 들키지 않으려고 벽에 걸린 사진을 가리킨다.

"저렇게 웃는 사진을 보면 참 좋아요. 늘 웃고 있으니까… 언젠가 만나서 같이 웃어야지요. 지금은 실컷 울고…."

가리어진 희생 ──

    하루 종일 서산과 대전을 오가며 〈애통〉 작업을 하느라 몹시 피곤했다. 한 선교사를 만나고 돌아오는 길에는 자꾸만 토마스가 생각났다. 나는 늦은 밤, 책상에 다시 앉았다.

    내가 영국을 떠날 때에는
    여기서 처음 쓰는 편지가 이런 것이 될 줄은 몰랐습니다.
    내 사랑하는 아내 캐롤라인이 지난달에 세상을 떠났습니다.
    더 이상… 글을 써 내려가지 못하겠습니다.
    — 1864년 4월 5일, 로버트 토마스의 편지

    오래 묵혀두었던 토마스 선교사의 편지를 꺼내 읽었다.
    '토마스도 아내를 잃고 이렇게 비통함으로 방황했구나… 뼈아픈 심정이, 예수를 믿으면 곧 죽음이라 전해지던 어둠의 땅 조선에서 선교할 것을 결심케 한 것일까?
    토마스도 그토록 헌신했던 선교지 중국 땅에서 아내를 잃고 처절하게 방황한 것이다. 며칠간 출장을 다녀오니 아내가 유산을 한 채 피투성이가 되어 죽어 있다. 아무런 도움도 받지 못한 채 홀로 괴로워하다가 그렇게 죽어간 아내의 이야기를 첫 선교 보고서로 써야 하는 심정. 하나님을 위해, 안락한 영국 땅을 떠나 머나먼 오지로 온 것인데….

낮에 만난 한 선교사도 아내를 지켜주지 못한 자책에 괴로워했었다.

"강도들에게 고문을 당하는 동안 얼마나 힘들고 아팠을까. 그 생각을 하면 마음이 너무 괴롭습니다."

쉼 없이 흐르던 눈물, 강인해 보이는 사내의 눈물이란 더욱 처연悽然하게 다가왔다.

작년부터 부흥에 대한 작업을 위해 만났던 교회사 학자들은 토마스의 죽음이 1907년의 평양 대부흥과 연결된다고 했다. 그런데 한 선교사를 인터뷰하는 동안 '토마스가 한국을 향해 선교의 열망을 태운 것은 혹시 아내의 죽음이 동인動因이 된 것은 아닐까?' 하는 생각이 들었다.

토마스는 스물넷에 아내와 태아가 죽자 극심한 절망 가운데서 선교사직을 포기했다가 조선 땅에는 천주교 신자들이 참수를 당한다는 소식을 듣고 복음을 전해야겠다고 마음먹는다. 그것은 그냥 스치고 지나가는 어떤 기운이 아니었다.

'토마스와 한재성, 아내의 죽음과 선교… 무언가 있다.'

내 안에 그런 무모한 직감이 자리 잡고 있었다. 난 그런 의문을 그냥 넘기지 못한다. 조각난 파편 뒤에 쓰인 상형문자 같은 작은 실마리라도

토마스가 한국을 향해 선교의 열망을 태운 것은
혹시 아내의 죽음이 동인動因이 된 것은 아닐까?

붙들고 씨름하는 체질이다. 교회사에 대해 모은 자료들을 뒤적이다 생소한 책 한 권을 발견했다. 《한국의 첫 선교사》라는 소박한 장정의 책이었는데, 존 로스John Ross 선교사에 대해 1982년에 감신대 김정현 교수가 지은 전기였다.

'존 로스가 한국의 첫 선교사라구?'

문득 평양 대부흥에 대한 다큐멘터리를 촬영하며 어느 교수에게서 들었던 얘기가 생각났다.

"맥킨타이어, 존 로스 같은 만주에서 사역한 이들이 평양 대부흥의 밑거름이 됐습니다."

주님께서 로스의 생애를 통해 무언가를 깨닫게 하시려나, 그런 생각으로 거의 논문에 가까운 자료를 읽어가면서 나는 놀라움을 금치 못했다.

로스는 스코틀랜드 출신으로 중국 산둥 반도에서 선교를 했다. 당시 스코틀랜드 성서협회의 대표인 알렉산더 윌리암슨은 토마스가 순교하던 해인 1866년에 동료인 번즈 선교사와 순회 전도를 하면서 중국과 조선의 경계인 '고려문Corean Gate' 에서 조선 상인들의 성경 구입 과정에 접촉하게 된다. 그리고 윌리암슨의 사역지로 스코틀랜드에서 존 로스와 맥킨타이어가 오게 된다.

하나님은 윌리암슨의 마음속에 조선 땅에 대한 열망을 심으셨던 것 같다. 조선에 대한 관심을 로스와 상의하자 로스는 사역을 위해 거처를 만주 지역으로 옮긴다. 영하 25도가 넘는 혹한의 날씨 속에서 출산을 앞두고 긴 여행을 하게 된 로스 부인은 심신이 너무나 지친 나머지 아들 드러몬드Drummond를 낳고는 세상을 떠난다.

'아, 로스도 토마스처럼 사랑하는 아내를 선교지에서 잃었구나.'

우연의 일치일까. 아내를 잃은 로스는 너무나 큰 상처를 입고 토마스처럼 사역의 방향을 조선 땅을 향해 내던지게 됐다고 한다. 로스의 변화는 후에 나타날 한국 교회 부흥을 위한 매우 중요한 전환점이 되었다.

토마스와 로스, 두 사람 다 아내를 잃었고 그것이 조선의 선교와 부흥에 중요한 요인이 된다.

'그렇다면 인간적으로는 처참한 비극이지만 여기에 어떤 의미가 있다. 하나님의 숨은 의도가 있다.'

내게 자리 잡은 그 의문이 근거 없는 것이 아니었다. 그것을 찾아내기 위하여 하루 종일 촬영한 피곤함도 잊은 채 깊은 밤 홀로 앉아 본격적인 탐사에 나서기 시작했다.

로스는 하나님의 도움으로 한국에서 온 청년들을 만나고 그들과 함께 열정 어린 마음으로 한국어로 된 최초의 성경을 번역해낸다. 백홍준, 서상륜, 서경조 형제 등을 통해 평양 대부흥의 밑거름이 되는 북쪽 지방의 선교와 조선 최초의 교회인 소래교회를 세우는 데 결정적인 공헌을 한다.

'분명 무언가 있다. 혹시 로스는 자기와 같이 아내를 잃고 조선 땅에 성경을 전하려다 순교한 선배 토마스에 대해 듣지는 않았을까. 그것이 로스가 더욱 조선을 지향하게 된 계기가 아닐까?'

급한 마음으로 책을 다 읽었지만 김정현 교수의 책은 물론이고 다른 한국 교회사에도 그런 내용은 나오지 않았다.

"역시 단순한 내 추측에 불과한 것입니까? 토마스가 아내를 잃은 상처와 평양에서의 순교, 그로 인한 열매가 로스에게서도 나타나기를 바라는 내 마음이 너무 커서 만들어낸 상상일 뿐입니까?"

아니면 한재성 선교사의 지독한 슬픔을 위로하고 싶은 어떤 근거들을 찾고 싶어 이렇게 집착하는 것일까. 아무래도 좋았다. 그것이 집착이든 무엇이든 끝까지 가보는 것이다. 무엇보다 한 선교사가 마음에 걸린 것은 사실이다. 그 '애통하는 자'에게 소박한 위로라도 나누고 싶었다.

"선배 선교사들이 아내의 죽음이라는 고통을 통해 더 큰 하나님나라를 향하게 됐다면… 그에게도 이것이 힘을 줄 것 같습니다."

몸을 가누지 못할 정도로 피곤했지만 눈을 부릅뜨고 인터넷에서 토마스와 로스의 연결 고리를 찾기 시작했다.

"주니임… 주니임… 도와주세요."

어린아이처럼 매달리며 자료들을 뒤지고 또 뒤졌다. 역시 쉽지는 않았다. 그러나 절망은 아니었다. 아주 조금씩 '로스와 맥킨타이어의 조선을 향한 선교는 영국에서 온 선배 토마스의 선교에 영향을 받고 그것을 계승하기 위함이었을 것'이라는 글들이 나왔기 때문이다.

"아, 나와 같은 생각을 가진 이들이 있긴 있구나."

자신감을 얻은 나는 속으로 간절히 구하면서 인터넷 검색창에 여러 가능성을 대입하기 시작했다. 그러다가 점점 감기던 눈이 확 뜨이는 한 편의 글을 만나게 되었다.

> 윌리암슨은 1866년 토마스 선교사를 조선으로 파송하였다가
> 그가 대동강 가에서 순교하자 순교의 아픔 속에서도
> 결코 조선을 포기하지 않고 있었다.
> 그러던 중 1872년 윌리암슨을 돕기 위해
> 매킨타이어와 로스 선교사가 입국하였다.
> 윌리암슨은 그들에게 조선에 대한 정보를 주고
> 토마스의 조선 사랑과 순교의 소식을 전해주었다.
> 로스는 토마스가 조선을 위해 대동강에서 순교했다는 소식을 듣고
> 남다른 감정으로 조선 민족을 바라보게 되었다.

세계선교공동체 World Mission Community의 홈페이지와 교회사의 자료들에 수록된 이야기는 실로 충격이었다. 그것은 나의 생각을 그대로

담은 것이기 때문이었다. 로스의 한국을 향한 선교에는 토마스의 영향이 컸음을 그대로 전해주고 있었다. 게다가 윌리암슨이 토마스를 조선 땅에 보낸 장본인이란 사실이 드러났다.

"이럴 수가… 그냥 내 추측이 아니었어. 로스가 아내를 잃고 조선을 향해 선교의 열정을 불태운 데에는 그에 앞서 동일한 슬픔을 품고 대동강에서 순교한 토마스의 영향이 있었구나."

알렉산더 윌리암슨, 이름조차 잘 알지 못하던 그의 심장에 하나님은 황무한 조선 땅을 새기셨다. 토마스가 스물일곱의 나이로 죽은 것에 누구보다 상심했을 사람은 바로 그를 조선 땅에 보낸 윌리암슨이었을 것이다.

그런 그였기에 토마스가 못다 한 조선 땅의 사역을 로스가 계승해 주기를 바라는 마음이 컸을 것이다. 그런데 토마스와 윌리암슨의 심정을 통해 조선을 품게 된 로스마저 결국 아내를 잃게 된다. 나는 이것이 우연이 아니라는 확신을 품게 되었다. 가장 사랑하는 자를 내어주는 고통과 상처, 어쩌면 한국 땅에 복음의 씨앗이 떨어지기 위하여 애통하며 썩어지는 이 밀알들이 필요했는지도 모른다.

토마스와 로스, 그들은 한국의 부흥과 선교에 지대한 영향을 주었다. 그러나 아내들의 희생은 가리어져 있다. 어쩌면 그들이 그렇게 열매 맺을 수 있음에는 이름 없이, 눈에 드러나는 아무런 결실도 없이, 억울하게 죽어간 아내들의 죽음을 하나님이 축복하셨기 때문인지도 모른다.

한재성 선교사도 마찬가지다. 중앙아시아의 그루터기들을 회복하시려는 하나님의 섭리가 그 안에 깃들어 있는 것이다. 하나님 안에서 그 어떤 죽음과 헌신도 무의미하지 않다. 진정 나는 그것을 만지고 싶었다.

새벽녘까지 토마스와 로스를 탐구했지만 아침에 일찍 잠이 깨었다. 지난 하루가 꿈처럼 아득하다.

"오늘도 주님이 깨닫게 하시고픈, 당신이 나누어주기 원하시는 하늘의 마음을 깨닫게 하소서."

고요히 기도드리고 다시 컴퓨터를 켰다. 그리고 얼마 지나지 않아 나는 새로운 사실을 알게 되었다. 토마스보다 먼저 한국 땅에 성경을 전하려 애쓴 이가 있었다. 독일 출신 귀츨라프로 그는 한국 땅에 처음 상륙한 개신교 선교사였다.

'1833년이니까 토마스보다 약 30년이나 앞선 시기에 이미 조선 땅을 찾아왔던 것인데, 이건 몰랐던 사실이네.'

하나님의 역사에 대해 탐구하면 할수록 모르는 것투성이다.

"의롭게 살려고 하면 할수록 자신이 얼마나 불의한 존재인가 깨닫게 되지."

누군가가 한 말이 떠올랐다.

귀츨라프 선교사는 주님의 빛을 받은 작은 빛들 중 하나였다. 그는 독일을 떠나 중국을 거쳐 조선 땅에 와서 큰 빛을 비추고 돌아갔다. 큰 빛을 전하기 위해서는 이방을 사랑하는 착한 마음을 지녀야 하는 동시에 자신을 희생하는 아픔과 고통을 감수하여야 한다.

그런데 놀라운 사실은 귀츨라프마저 사랑하는 아내를 잃고 조선 땅을 향해 성경을 전하러 왔다는 것이다. 다시 말해, 조선 땅에 온 첫 세 명의 선교사들, 귀츨라프와 토마스 그리고 로스는 모두 사랑하는 아내를 잃은 슬픔과 아픔과 고통을 경험했다.

나는 정말 놀라고 놀랐다. 지난밤 집요하게 붙들고 있던 주제가 결코 우연이 아님을 깨닫게 되었다. 문득 하나의 깨달음이 영혼의 샘에 고였다. '가장 사랑하는 자를 잃은 그 상처와 애통이 하나님의 마음이다. 하나님께는 어둡고 수많은 생명들이 처참히 죽어가던 조선이 사랑하는 '신부'였다.'

그런 깨달음이 왔다. 아내와 아이들을 구타하는 카자흐스탄 불량배들에게 맞서려는 한재성 선교사를 향해 '내가 사랑하는 사람들이다' 라고 말씀하시며 대응하지 못하게 했던 하나님의 마음을 누가 헤아릴 것인가… 더 탐구하다가 놀라운 내용을 만났다.

1832년 7월 17일부터 25일까지 서해안 지역과 고대도를 방문하여 성경책을 나누어주고 주기도문과 전도지를 전달했지만 아무런 결실도 거두지 못한 채 중국으로 돌아간 귀츨라프 선교사가 남긴 글이다.

조선에 파종된 하나님의 진리는
뿌리를 내리지 못하고 없어질 것인가?
나는 그렇지 않다고 믿는다.
주님이 예정하신 때에 풍성한 열매를 맺으시리라.
조선에 어둠이 속히 가고 새벽이 와서
광명한 날이 올 것을 바랄 뿐이다.

"이것이 애통하는 자의 역사구나. 그 어디에서든 울며 뿌린 씨앗을 주님은 당신의 가장 선하신 때에 열매 맺으신다."
감격을 품고 탐구를 계속하다가 리진호라는 학자의 글을 만났다.

우리는 초기에 한국 선교에 투신한 세 선교사가 다 같이 아내를 사별하는 불행을 당하였다는 공통 사실을 발견한다. 그것이 한국 선교를 지향하는 '계기와 원인'이 되었다고 본다. 이는 한국에 그리스도의 씨를 파종하고자 하는 엄숙하고 간절한 섭리임을 확신하는 것이다. 사랑하는 선교사의 아내까지도 희생시켜 가며 이 거룩한 사업을 이룩하려는 주님의 뜻에 대하여 우리는 감사와 영광을 돌릴 뿐이다.
— 리진호, 《귀츨라프와 고대도》 159쪽

"이럴 수가!"

리진호라는 처음 들어보는 학자가 내가 생각하고 깨달았던 것을 그대로 말하고 있었다. 내가 제대로 알지 못하는 역사의 지난한 과정 속에서 하나님은 당신의 나라를 회복하시기 위하여 울며 씨를 뿌리는 애통을 통하여 보이지 않게 일하고 계셨다.

당신의 아들 그리스도가 십자가에 달리셨을 때 함께 못 박히셨던 하나님이, 아내를 잃고 고난을 겪는 것으로 상징된 선교사들의 아픔과 복음을 전하기 위하여 애쓰던 이들의 슬픈 여정에 동참하고 계셨던 것이다.

나는 살고 싶습니다 ──

I want to live. I want to go to Korea.

나는 살고 싶습니다. 나는 한국으로 돌아가고 싶습니다.

Please, don't send to Iraq Korean soldiers.

이라크에 한국 군인들을 보내지 말아주십시오.

To my all people all Korean people please support me.

고국에 계신 한국 동포 여러분, 저를 도와주십시오.
Please I want to live, I want to go to Korea.
나는 살고 싶습니다. 나는 한국에 가고 싶습니다.

― 김선일에 대한 알 자지라 방송 내용

그동안 외면하고 있었던 김선일 형제에 대한 자료들을 찾아보기 시작했다. 미국의 한 인터넷 사이트를 통해서 유포된 잔인한 살해 장면을 만날까 봐 여전히 부담이 되었지만 이제는 내 형제, 후배요 동생이기도 한 그의 죽음을 구체적으로 만나야 할 때라는 생각이 들었던 것이다.

"나는 살고 싶습니다."

선일 형제는 영상에서 그렇게 외치고 있었다. 여전히 오래 보기가 쉽지 않다. 목이 쉬도록 살려달라고 반복하는 그 안타까움. 그의 배경에는 '일치와 성전聖戰을 위한 방패'라는 아랍어가 씌어 있다. 그런 거창한 이름 아래서 더욱 잔인하고 강해 보이는 반란 무장 단체에 비해 우리의 형제 선일의 모습은 너무나 초라하고 작기만 했다.

김선일 사건과 관련한 자료들을 찾아보았다. 사건이 일어난 일주일 동안 텔레비전의 저녁 종합 뉴스로 나간 선일 형제에 대한 보도는 SBS 94건, MBC 92건, KBS 80건이었다. 한국만이 아니라 전 세계가 이 일을 충격적인 일로 보도하고 다뤘다. 그만큼 놀라운 사건이었다.

나는 살고 싶습니다

목이 쉬도록 살려달라고 반복하는 그 안타까움

광화문에 만여 명의 시민들이 몰려나와 추모와 반전 집회를 열고, 급히 만들어진 추모 사이트에는 하루에 4천 건이 넘는 추모와 위로의 글들이 올라와 있었다. 그러나 친구들이 안타까워하듯 1년도 채 안 되어 그에 대한 일이 잊혀지고 추모 사이트에 여전히 글을 남기는 소박한 사람들만 있을 뿐 나조차 까마득히 잊고 있었다. 그것이 이 세상인 것이다.

지난번에 받은 선일 형제가 찍힌 비디오테이프를 보았다. 1995년 겨울, 부산에서 선교 모임을 하던 친구들과 겨울 수련회를 갔을 때 찍은 것이었다. 뜨거운 찬양과 기도 후에 서로의 비전을 나누는 시간이었다. 앳된 얼굴을 한 20대 중반의 선일이가 입을 열었다.

"저는 모슬렘 선교의 비전을 가지고 있거든요. 그것을 위해 기도하고 있습니다. 여러 가지 어려움이 있지만 열심히 준비해나가겠습니다. 기도해주세요."

그로부터 10년 후, 그는 꿈꾸던 선교지에서 하나의 밀알이 되었다. 그의 비전에 대한 고백보다 후에 친구들과 부둥켜안고 춤추며 찬양하던 모습이 가슴을 울렸다. 평소 얌전하고 드러나지 않았다던 선일이는 그날 온 맘과 몸을 내던져 주님을 찬양하고 있었다. 깊은 산속 짐승들이 뜯지 않은 순결한 풀처럼….

친구 성영 씨와 부산에 있는 선일 형제의 묘지를 찾았다.

제법 근사한 형식을 갖추고 길가에 자리하고 있었지만 낯선 광야의 한 모서리에 서 있는 듯 쓸쓸해 보이는 무덤이었다. 누군가 다녀간 듯 올려놓은 꽃이 시들어 있다.

"저 옆에 있는, 몇 년 전 일본 지하철에서 취객을 구하고 숨진 이수현 씨를 찾아 한국까지 오는 일본인 조문객은 참 많은데, 선일이는 거의 잊혀진 존재가 되고 있습니다. 저도 그 친구를 벌써 잊고 있는 게 부끄럽기도 하구요."

성영 씨가 안타까움과 미안함을 토로했다. 〈애통〉의 맥락에서 하나님이 연결시켜 주시지 않았다면, 어쩌면 나 또한 영영 그를 잊었을지도 모른다. 신학교 졸업 때 찍었는지 학사모를 쓰고 웃는 묘비의 사진이 안쓰럽다. 중동 땅이 회복되는 것을 위해 힘든 현실 속에서도 공부를 게을리 하지 않았다고 한다.

'내 동생 선일아, 미안하다… 네 꿈을 이해하지 못한, 너의 애통을 기억하지 못한, 네 죽음 안에 스민 하나님의 뜻을 만지지 못한 이 못난 선배를 용서해다오.'

나는 촬영을 하면서 속으로 되뇌었다.

"사람들이 선일 형제의 죽음을 자꾸 정치적이거나 사회적인 문제로만 보려는 것 같아요. 그 안에 하나님의 섭리가 있다는 것을 생각지 않고. 하나님나라에서는 참새 한 마리도 세신 바 되셨다고 했는데… 이 죽음을 하나님이 의미 없이 그냥 두셨을 리가 없다고 생각합니다."

길을 안내해준 한 집사님이 말했다.

'온 세상 날 버려도 주 예수 안 버려.'

최춘선 할아버지가 방에 써 붙여놓으신 찬송가 구절이 생각났다.

"다른 건 몰라도 우리 주님은 처참한 고통 가운데서도 선일 형제와 함께하셨습니다. 온 세상이 그를 잊는다 해도 우리 주님은 여전히 그를 기억하고 계십니다. 그래서 이렇게 〈애통〉으로 발굴하시고 나누시어 열매 맺으시려고 하는 것입니다. 그것이 희망이며 위로입니다."

지는 해를 보며 서걱거리는 풀잎처럼 왠지 모를 우울에 처진 마음들에게 그렇게 얘기했다.

"어머니가 아프셔서 그러니까요, 이해 좀 해주세요."

서울로 돌아오는 기차 안에서 앞에 앉은 젊은 친구가 걱정 어린 눈빛으로 부탁했다.

"걱정 마시고 편하게 생각하세요."

그러고 보니 부산역에서 크게 통곡을 하시던 아주머니였다.

'무슨 서글픔이 저렇게 공공장소에서 통곡을 하게 만드는가?'

대합실에서 자꾸만 맘이 쓰였었다. 거의 서울에 올 때까지 전화하고 탄식하고 우는 일이 계속되었다. 내용을 들어보니 시집간 딸이 실종

되었는데 변사체로 발견되었다는 것이다. 어미의 심정, 그 안타까움…
무엇으로 달래고 표현하리요. 왜 이 풍경이 지금 내 앞에서 벌어지고 있
는가. 나는 하나님의 마음을 생각했다. 우리의 슬픔과 고통과 희생을 하
늘 아버지는 이 어미보다 더 큰 아픔으로 지켜보시리라고….

문득 말씀이 떠올랐다.

우리에게 있는 대제사장은
우리 연약함을 체휼體恤하지 아니하는 자가 아니요
모든 일에 우리와 한결같이 시험을 받은 자로되 죄는 없으시니라

히브리서 4:15

'체휼sympathize' 이란 '함께 고난을 겪는다' 는 의미다. 우리 주님
은 그런 분이시다. 우리를 위해 죽기까지 사랑하신 그분이시기에 당신을
지향하는 세상 모든 희생과 고난에 함께하시는 분이시다. 그래서 우리에
게 희망이 있고 위로가 있는 것이다.

이사야는 애통과 위로의 대서사시를 펼치며 53장에 '고난받는 종'
으로 구세주를 표현하고 있다. 세상 그 어떤 고통과 죽음과 애통 가운데
서도 언제나 주님은 함께하신다. 그것을 매만지고 위로하신다. 십자가를
함께 지신다. 그분이 우리의 주님이시다.

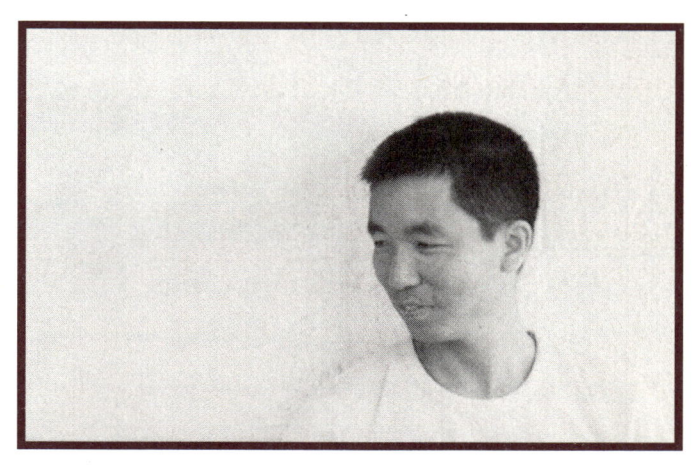

온 세상이 그를 잊는다 해도
우리 주님은 여전히 그를 기억하고 계십니다

내가 약할 그때에 ——

한재성 선교사가 메일을 보냈다. 며칠 동안 잊고 지냈는데 반가웠다. 그런데 내용이 아프다.

동생 재현이네 가족이 찾아왔다.
어느덧 동생도 나이가 들어가는지 흰머리가 많이 보였다.
동생도 나처럼 지금의 제수씨를 모 교회에서 만나 결혼했다.
제수씨는 나의 아내에게 언니라고 부르며 잘 따랐었다.
생각해보니 재미있는 사실 하나는 내가 결혼하기 전에 아내는
나의 여동생에게 언니라고 불렀는데,
결혼 후에는 역전이 되어 언니라는 소리를 듣게 되었다.
동생들에게 부러운 것 하나는
나에게 없는 아들을 둘씩이나 낳았다는 것이다.
반대로 동생들은 딸이 없으니 나를 부러워하지 않을까 싶다.
아내는 연년생으로 딸 둘을 낳고 키우는 것에 힘들어했다.
나는 사역한답시고 아내가 힘들어하던 그때에 별 도움이 돼주질 못했다.
그래서 셋째를 낳자고 할 때 아내는 원치 않았다.

내게 "낳을 순 있는데 키우는 것은 자기가 해야 돼"라고 말할 정도였다.

오늘 제수씨 생일이어서 모처럼 함께 저녁 식사를 했다.

아이들이 식당에서 준 풍선을 선물로 받고는

엄마에게 선물로 드리겠다고 밤하늘 위로 날려 보냈다.

나도 아이들처럼 풍선이 안 보일 때까지 한참을 쳐다보았다.

정말 딸들이 보낸 풍선을 아내가 받았을까?

아내는 제수씨에게 생일 축하한다는 인사를 전해달라고 했다.

그래서 그렇게 말해주었더니,

제수씨는 고맙다는 말을 전해달라며 함박웃음을 보였다.

오늘 조카들을 보니 문득 아내가 생각났던 것이다.

그랬었구나. 아들 낳아달라고 할까 봐 먼저 천국으로 떠나갔구나.

여보, 아들 낳아달라는 말 안 할 테니 다시 돌아와주면 안 될까?

혼자 먼 하늘 쳐다보며 살아 있을 때 못다 한 대화를 이어갔다.

차를 운전하며 혼자 고속도로를 달릴 때도 아내를 부르곤 한다.

"진희야… 보고 싶다… 내 목소리 들리니? 나 보고 있는 거지?

난 이렇게 자기가 보고 싶은데 당신 나 보고 싶지 않니?"

오늘은 참 하늘이 몹시도 맑았다.

이런 날씨를 만나면 나는

어느 외국 영화에서 배우가 말한 대사 한마디가 떠오른다.

'It is so nice day to go to heaven. 오늘은 천국 가기 참 좋은 날이다.'
나의 사랑 진희가 보고 싶다…. 그냥 그뿐이다.

이 충청도 사내를 어찌하나. 아내가 보고 싶어 쓴 글을 읽는데 김진희 선교사의 얼굴이 자꾸 떠오른다. 하늘에서 내려다보며 '우리 남편 좀 위로해줘요. 친구 해주세요' 하는 것 같다.
"이 서글픈 사내를 위로하라고 저를 연결시킨 건가요? 〈애통〉도 좋지만 먼저 이 사내의 친구가 되어야겠습니다."
그런 기도가 나왔다. 내친김에 대전에 전화를 걸어 안부를 물었다.
"어… 너무 반갑습니다. 피디 님 만난 후에 버드나무 사이트에도 들어가고 피디 님 쓰신 글들도 읽었습니다."
목소리에 밝은 물기가 묻어 있다. '위로의 영' 이신 성령께서 그와 함께하심을 느낄 수 있었다.
'언젠가 아내를 만나서 웃어야지요. 일단은 실컷 울고….'
눈물 많은 그를 사람들이 나무란다고 말한 기억이 났다.
"우세요. 주님도 그렇게 우셨는데… 예루살렘을 위하여, 친구 나사로를 위하여…."
그러고 보니 '애통하는 자' 가 정말 우리 주님이시다.

나는 마음이 온유하고 겸손하니 나의 멍에를 메고 내게 배우라
그러면 너희 마음이 쉼을 얻으리니

마태복음 11:29

정말 주님이 '온유한 자'였구나. 그렇다면 팔복은 우리 주님의 마음이다. 그 성품을 닮기 위해 우리가 가난하고 애통해하며 그토록 수고하고 무거운 짐을 져야 하는 것이다.

상렬의 희생으로 탄생한 선교 후원 공동체 '내사랑 빠마이'라는 기도 모임에 갔다. 2004년 1월에 선교지로 의료봉사를 갔던 김영수 집사가 오지에서 태국의 잊혀진 산족들을 위해 헌신하는 정도연 선교사님을 돕고자 기도와 후원 모임을 만들었다.

"만일 상렬이가 이대로 살아나지 않는다면 선교를 포기하자고 아내에게 말했습니다. 아내도 울면서 그러자고 하더군요."

"선교를 포기하려고 하셨는데 오히려 기도 후원을 받게 되셨네요?"

정도연 선교사는 아직도 그 일이 지워지지 않는 상처인 듯했다.

"정말 모든 것이 무너지는 죽고만 싶은 그런 심정이었지요. 그런데 소식을 듣고 달려온 상렬이 아버지 김종준 교수가 이렇게 말했습니다. '상렬이가 마지막까지 최선을 다했나요? 히스기야는 그 생명을 15년 연

장해주셨는데 우리 상렬이는 하나님의 은혜로 20년을 연장해주셔서 감사합니다' 하는 것입니다. 하나님이 나를 소생케 하시는구나, 하는 마음이 들었습니다."

한 모퉁이에서 고요히 앉아 있는 김 교수를 보았다. 어떻게 저런 유약해 보이는 분에게서 강한 믿음이 나올까. 그토록 사랑하던 아들이 죽었는데도… 나라면 그럴 수 있을 것인가 솔직히 자신이 없었다.

> 내가 약할 그때에 곧 강함이니라
> 고린도후서 12:10

이 말씀이 떠올랐다. 그러고 보니 조은령, 김선일, 김상렬, 김진희 모두 강인한 영적 투사라기보다 참으로 약해 보이고 순수한 사람들이다. 하나님은 이토록 연약한 당신의 자녀들을 통해 역사를 이루시고 당신의 나라를 회복하신다. 그것이 하나님의 방법이라는 생각이 들었다.

"상렬이의 죽음 이후에 빠마이에는 그것을 기념하는 음악 축제가 열립니다. 산족들이 며칠을 걸어와서 깊은 밤까지 찬양 축제를 여는데 너무나 놀라운 은혜와 결실이 있습니다. 그것 또한 상렬이를 통한 하나님의 열매라고 생각합니다."

음악 축제의 사진을 보여주는데 잔잔한 감동이 밀려왔다. 비록 작고 연약한 영혼의 희생이지만 그 밀알을 통해 하나님은 이런 큰 역사로 결실하시는구나.

"상렬이의 소식을 듣고 너무나 놀라고 슬펐습니다. 저에게도 형님을 떠나보낸 기억이 있기에 그때 애통하고 괴로워하셨던 어머니를 기억하며 아픔을 헤아릴 수 있었습니다."

나에게 상렬을 소개한 김영수 집사가 간증을 했다.

"그런데 말씀을 읽으며 위로를 받았습니다. 요한계시록 21장에서 천국에서는 하나님이 당신의 백성들과 친히 함께하시며 모든 눈물을 씻기시고 다시는 죽음이나 애통이 없을 것이라 하셨습니다.

그리고 천국의 기초가 되고 주님이 우리를 맞아주시는 문門은 '12 진주문珍珠門'인데 수많은 보석들로 만들어진 그 문들을 다이아몬드로 하지 않고, 왜 진주문이라 했을까 궁금했습니다. 결국 하나님의 특별한 이유가 있음을 알게 되었지요. 열두 기초석으로 쓰인 열두 보석은 모두 광물성이지만 진주는 특이하게도 동물성이라 합니다.

진주조개는 자신의 상처를 통해서 진주를 만들어나갑니다. 입을 벌리고 있을 때 이물질이 들어가면 상처를 입게 되는 거지요. 진주조개는 이물질을 밖으로 밀어내지 않고 자신의 몸에서 체액을 뿜어내어 이물질을 감싸 결정체를 만들어나갑니다. 이 상처와 고통의 결정체가 바로 영롱한 색깔의 진주인 것입니다."

울면서 부서지는 소나기 같은 감탄이 심연을 흔들었다. 그런 오묘한 의미가 배어 있었구나.

"주님께서 진주문에서 우리를 맞아주신다는 것은 '내가 너희의 상처와 눈물과 고통을 다 이해한다'는 의미라고 합니다. 친히 고난과 상처를 당하신 분이기에 우리를 안아주시면서 이 세상에서의 애통을 위로해 주시는 것입니다."

참으로 아름다운 간증이었다. 주님이 모든 눈물을 이해하고 씻기신다. 그 아픔을 아시는 주님이 친히 안아주시며 '네 슬픔을 이해한다'고 위로하시는 모습이 영화의 한 장면처럼 그려진다.

그것은 하나님의 풍경, 담 너머 펼쳐진 푸르른 초원처럼 큰 안식을 주시는 하나님의 풍경이었다.

땅 끝에서 부르는 노래 ──

늦은 밤 토론토에 도착했다.

'토론토 코스타'에 참석하기 위해 이미 와 있던 연변 과기대 정진호 교수와 친구 윤종칠 박사가 마중을 나왔다. 매켄지를 만난 후 내 마음 어딘가 한편에 토론토가 새겨져 있었다. 100여 년 전 상상 못할 오지인 한국 땅을 찾았던 이곳 출신 선교사들의 흔적을 찾고 싶었기 때문이다.

"감독님, 내일 새벽에 게일의 생가를 먼저 가보면 어떨까요?"

차에 타자마자 정 교수가 말했다.

"내일 새벽에요? 권종섭 집사님과는 모레쯤 가기로 했는데…."

나는 게일의 생가보다 평양 대부흥의 첫 불꽃이 된 하디 선교사가 다닌 토론토대학을 먼저 가보고 싶었다.

1904년 원산에 와서 선교하던 하디의 깊은 참회와 애통을 하나님이 받으시고 성령을 보내주셨다. 그것이 번져서 결국은 평양 대부흥으로 확대된 것이다. 게일의 생가는 코스타 집회 장소와 정반대의 지점이다. 당장 내일 〈가난한 자〉로 개회 특강을 해야 한다. 어려운 제안이었다.

"솔직히 말씀드리면 놀랄 일이 있습니다."

정 교수가 상기된 표정으로 은근히 말을 시작했다.

"놀랄 일이요? 무슨 일인데요?"

"윤종칠 박사가 다니는 교회에 최선수라는 장로님이 계신데, 예순이 넘어 치과병원을 그만두시고 선교사로 헌신해서 북경, 연변 등에서 사역을 하셨습니다. 최근 그 분에게 한국에서 헌신한 캐나다 선교사들을 위해 기념관을 세우라는 마음을 주님이 강하게 주셨습니다. 이미 건물을 세우고 선교사들 자료를 모으는데 윤 박사가 영상과 자료를 담당하게 되었습니다. 그 분야에 아마추어라 무척 고민하고 있었는데 감독님이 똑같은 주제로 촬영을 온다니까 너무나 놀라고 흥분을 하게 된 것입니다."

더 놀란 건 오히려 나였다. 하다나 게일, 닥터 홀, 매켄지, 펜윅… 이곳에서 온 이들을 통해 주님이 일하신 것을 나눌 만한 작은 기념관이라도 있었으면 좋겠다는 생각을 품어왔었다. 비행기 안에서도 이상하게 그 생각이 내내 들었다. 그런데 이미 주님께서 누군가에게 그 마음을 주셨고 그들과 이렇게 연결시키신 것이다.

"비행기에서 기도하는데 토론토에 주님께서 무언가를 많이 예비하셨다는 느낌이 들었어요. 일정에 무리가 좀 있지만 내일 새벽에 가지요. 갑시다!"

나는 흔쾌히 그러자고 했다. 주님이 준비하시고 움직이시려는 방향인 것이다. 그러면 무조건 순종해야 한다. 토론토에 도착하면 어디에 묵어야 할지 고민이었다. 그런데 정 교수가 윤 박사의 집을 소개했다. 그리고 그가 영상 담당이다. 이 모든 것을 헤아리신 주님이 일을 엮어가신 것이다. 그리고 나는 귀한 사역에 영상으로 섬길 수 있는 기회를 얻은 것이다.

"한 가지 슬픈 소식이 있습니다."

숙소에 도착해서 주님이 예비하신 일을 감격해하며 즐거운 대화를 나누던 중 정 교수가 어두운 표정으로 말했다.

"언젠가 감독님이 연변 과기대 홍보 비디오를 제작하며 촬영했던, 암으로 사형 선고 받았다가 주님의 은혜로 살아났던 명이가 결국 주님 품으로 갔습니다."

가슴이 철렁했다. 너무나 얌전하고 성실해 보이던 명이의 얼굴이 떠올랐다. 정 교수는 토론토에 오기 전, 내 작업실에 들러 명이에 대해 말했었다. 졸업 후 상해에서 직장에 다니던 명이는 암이 재발했고, 병원에서 제대로 된 치료를 받지 못해 큰 고통을 겪었다고 했다.

"정말 제가 간다는 소식을 듣고 명이는 너무나 흥분해서 밥도 못 먹고 잠도 못 자고 기다리고 있었습니다. 진정 자기를 위해주고 기도해주는 사랑을 받지 못하는 아픔… 그런 명이와 같이 예배를 드리고 기도하며 울며 보냈는데…."

명이의 서글픈 소식에 조금 전까지 즐겁던 분위기가 숙연해졌다.

"그런 환경에 더 이상 둘 수 없어 구급차를 구해 열 시간 넘게 명이를 데리고 연변으로 왔습니다. 교수들과 함께 명이를 위해 얼마나 기도했는지 모릅니다. 그런데 결국…."

정 교수는 코스타에 참석하기 위해 토론토에 와서야 명이가 죽었다는 소식을 들은 것이다. 평양 과기대를 통한 민족의 통일과 부흥을 꿈꾸던 정 교수는 그것보다 명이의 일이 더 안타깝다는 표정이었다. 해산의 수고, 하나의 성전, 작은 잃어버린 양 한 마리… 영혼을 붙들고 몸부림치는 과정이 진정 애통이다. 오늘 우리가 가장 회복해야 할 하나님의 풍경이다.

"여기서도 애통의 코드로부터 자유롭지 못하네요. 당신의 애통은 그 어디나 편재遍在하군요."

나는 속으로 주님께 말했다. 그렇게 긴 여행 끝에 찾아온 토론토의 첫 밤을 보냈다.

"어메이징Amazing, 정말 놀랍습니다!"

주님의 예비는 놀라웠다. 어느 겨울날, 정진호 교수는 한 목회자의 안내로 게일의 생가를 찾아간 적이 있다고 했다.

"엄청난 폭설이 내리는 그곳을 겨우 갔는데 집주인이 허락을 해주지 않아 들어가지도 못하고 먼발치에서 바라만 보았지요. 차 안에 들어왔는데 갑자기 눈물이 쏟아지더군요. 이렇게 험한 곳에서 100여 년 전에 당시로서는 상상도 못할 땅 끝인 조선 땅을 찾아왔다는 게 얼마나 어렵고 큰 헌신인가 그 생각을 하니 어찌나 눈물이 쏟아지던지…."

평소에 친하게 지내는 권종섭 집사도 게일의 생가에 나를 데려가려 했는데 "미리 허락을 받지 못하면 들어갈 수 없을 거야. 그동안 여러 사람들이 찾아왔는데 다 허탕을 쳤거든" 하고 말했다. 그러나 나는 아무런 걱정이 없었다. 주님께서 많은 것을 예비하셨을 것이라 굳게 믿었다.

우리보다 더 애통해하시며 씨를 뿌리시고
하나님나라의 회복을 위해 일하시는 아버지의 심장을 느꼈다

"그분이 연출하신다. 이것이 그분의 일이라면…."

나는 늘 그렇게 믿었고 체험했다. 그런데 정말 그분이 연출하시는 모습을 우리 모두가 목격하게 되었다. 게일이 다닌 교회는 물론 생가에서도 마치 기다리고 있었다는 듯 우리를 반겨주었고, 원하던 자료들을 내주며 오히려 그들이 감격해서 '어메이징'을 외친 것이다. 게일의 교회를 다니는 한 아주머니는 자신이 흥분해서 직접 가이드를 서며 우리가 모르던 곳까지 안내해주었다.

"와… 정말 기가 막히네요."

현장에 도착하니 탄성이 절로 나는 풍경이 기다리고 있었다. 그곳은 게일의 아버지가 세운 교회 터였다. 지금은 밀밭으로 변해 있는 터를 보고 감탄한 이유가 있었다. 나는 차를 타고 오면서 길가에 내려 펼쳐진 밀밭을 찍었다.

"나중에 〈애통〉의 영상을 만들 때, 첫 장면으로 항상 밀밭이 떠올랐거든요."

밀밭을 찍으며 나는 그렇게 말했다. 밀밭이 펼쳐진 푸르름 위로 자막이 떠오른다. '한 알의 밀이 땅에 떨어져 죽으면 많은 열매를 맺고'라거나 '울며 씨를 뿌리는 자는 기쁨으로 단을 거두리로다' … 〈애통〉의 첫 장면은 늘 그렇게 상상되었다. 그런데 게일의 신앙이 시작된 교회 터가 밀밭이었다. 우리는 모두 주님의 연출하심에 감동했다.

"여기서 떨어진 한 알의 밀이 한국 교회에서 썩어져 그토록 놀라운 결실을 한 것이군요."

정 교수가 말했다. 나는 게일에 대해 말해주었다.

"게일이 많은 사역을 했지만 무엇보다도 그가 번역한 《천로역정》을 당시 도교에 심취해 있던 길선주 장로가 읽고 신앙에 눈을 뜨는 계기가 됐습니다. 그는 후에 토마스가 뿌린 씨앗으로 세워진 널다리골교회에서 예수를 믿게 되고 결국 평양 대부흥의 주역이 되었지요. 그러니 게일이라는 하나의 밀알이 후에 평양 대부흥의 중요한 자양분이 된 셈입니다."

나는 이 모든 과정에서 또다시 '하나님의 열심'을 보았다. 우리보다 더 애통해하시며 씨를 뿌리시고, 하나님나라의 회복을 위해 일하시는 아버지의 심장을 느꼈다. 그리고 코스타에서 젊은 친구들과 함께 그분의 일하심과 마음을 나누었다.

코스타에도 하나님의 예비가 기다리고 있었다. 〈애통〉의 영상을 구상하면서 그 의미를 더해줄 주제곡을 구했었다. 영혼의 깊은 곳에서 자꾸만 흘러나오는 찬양이 있었다. 고형원 전도사가 지은 〈땅 끝에서〉라는 곡이다. 하루에도 수없이 입에서 찬양이 흘러나왔다. 마침 토론토 코스타에 고형원 전도사가 와 있었다. 사연을 말했더니 그 곡을 지은 배경을 설명해주었다.

"이집트에 선교하러 갔던 한 자매가 암에 걸렸습니다. 그리고 선교지에서, 자기가 처한 땅 끝에서 순교하며 수없이 고통당하며 애통하는 이들을 보며 주님이 주시는 마음이 있었습니다. 그 헌신들을 위로하기 위해 만든 찬양입니다."

찬양에 그런 사연이 깃들어 있는지 나는 알지 못했다. 살아 계신 주님이 이렇게 다 예비하신 것이다. 아니, 그분은 이미 세상 구석구석에서 당신의 애통하는 자들을 위로하고 계셨던 것이다.

"어쩌면 주님은 주제곡까지 의미를 부여해 인도해주시는 것일까요. 〈가난한 자〉를 만들 때, 주제곡 〈오직 주의 사랑에 매여〉도 소개해주셔서 정말 큰 감동을 주었는데 아무래도 전도사님을 편애하시나 봅니다."

나는 농담처럼 말했지만 참으로 우리 주님의 마음과 사랑은 측량할 길이 없었다.

코스타의 마지막 밤, 말씀을 나눌 기회를 가졌다. 나는 그동안 '애통하는 자'라는 주제로 인도해오신 예수님의 마음을 나누었다. 조은령, 김선일, 한재성, 김상렬 그리고 토마스와 짐 엘리엇, 게일, 하디, 매켄지, 이름 없이 빛도 없이 하나님나라에 드려진 사람들, 아니 지금도 그렇게 충성하는 증인들에 대하여.

"이 세상 그 어디에 있든지 하나님나라를 위해 애통하고 헌신한 충성들을 기어코 찾아서 열매 맺으시는 분이 우리 주님이십니다. 작은 일의 날이라고 멸시치 않으시고 명확히 보시는 주님은 우리가 겉으로 드러난 화려한 열매를 못 맺는다 해도 우리가 품은 열심과 소망조차 이미 열매라고 인정하시는 분입니다.

우리가 품은 모든 소망과 열정과 마음이 이미 천국의 '실재實在'입니다. 그분이 우리의 아픔과 애통을 아시고 우리와 늘 함께하십니다. 그 어디에 있든지 반드시 우리의 충성으로 열매를 맺으십니다. 그러니 결코 절망하지 말아야 합니다. 주께서 각자에게 주신 동산에서 울며 씨를 뿌려야 할 이유가 거기에 있습니다. 하늘의 소망을 품고 묵묵히 가는 길이 애통하는 자의 본질입니다."

그렇게 간절하게 나누었다. 그때 정진호 교수가 한구석에서 서럽게 우는 모습이 클로즈업됐다.

"명이의 죽음이 너무나 안타깝고 슬펐는데 그 영혼을 붙들고 애통한 마음만으로도 이미 천국의 열매가 된다는 말씀은 나를 위로하기 위한 것임을 알았습니다.

이제는 우리가 그를 위해 애쓴 모든 것들… 지금은 잘 보이지 않고 험난해 보이기만 하는 통일과 부흥을 향한 열정의 결실이 이루어지지 않고 있어도 그 소망만으로도 이미 하나님께는 열매임을 하늘의 실재임을 믿습니다."

그는 감격하며 말했다.

'아… 하나님이 우리를 이렇게 위로해주시는구나.'

가장 큰 위로를 얻은 건 오히려 나였다. 영혼을 녹이는 전율 속에 감격이 넘쳐흘렀다. 나는 고형원 전도사에게 〈땅 끝에서〉를 같이 불러달라고 청했다. 우리는 각자 하나님이 주신 땅 끝에서 우리에게 주어진 하나님의 풍경 속에서 주님의 마음을 품고 울며 씨를 뿌리는 천국의 사람들이 되기를 간절히 바라며 감격에 차 찬양했다.

주께서 주신 동산에 땀 흘리며 씨를 뿌리며
내 모든 삶을 드리리 날 사랑하시는 내 주님께
비바람 앞을 가리고 내 육체는 쇠잔해져도
내 모든 삶을 드리리 내 사모하는 내 주님께
땅 끝에서 주님을 맞으리 주께 드릴 열매 가득 안고
땅 끝에서 주님을 뵈오리 주께 드릴 노래 가득 안고
땅의 모든 끝 찬양하라 주님 오실 길 예비하라
땅의 모든 끝에서 주님을 찬양하라
영광의 주님 곧 오시리라

열매로 거둬야 할 피값 ──

　무더위와 장마가 기승을 부리던 여름날, 한재성 선교사는 카자흐스탄에 갔다. 아내 김진희 선교사의 순교 기념비를 세우는 행사를 위해 다시는 발 딛고 싶지 않았던 악몽의 땅을 10개월 만에 찾았다. 담담하던 그가 비행기에서 카자흐스탄의 땅을 보는 순간 울기 시작했다.
　"우리 가족이 함께 살았던 곳이고 아내가 죽은 곳이니 슬프지요."
　당연한 말이다. 아내와 사역했던 곳, 마지막으로 살해된 집… 온 청춘을 바쳐 헌신했던 카자흐스탄의 황무한 땅 구석구석을 다니며 그는 울고 또 울었다. 돌아온 후 한재성 선교사는 홈페이지에 이런 글을 남겼다.

　　10개월 만에 카작 땅을 밟게 되었다.
　　전적으로 하나님의 손에 등 떠밀려 마지못해 가게 되었다.
　　카자흐스탄은 아내의 살해 현장이요, 고통의 순간들이었고,
　　눈물과 슬픔의 땅이며, 다시 기억을 되살리고 싶지 않은 악몽의 땅이었다.
　　그런데 나는 무언가에 이끌리듯이 그 땅을 밟게 되었다.
　　비행기가 알마타 천산을 바라보면서 착륙하는 순간,
　　그 땅에 뿌려진 아내의 피가 느껴지기 시작했다.

그리고 천국에서만 만날 줄 알았던 아내의 영혼이
카작 땅 여기저기에 만연함을 내 영으로 감지하게 되었다.
아, 어찌된 일일까? 아내의 영혼이 이곳에 있었다니…
5천 미터가 넘는 천산에 쌓인 만년설이
여름 내내 물줄기가 되어 그 땅에 생수가 되어 주듯,
아버지는 연약한 한 여인의 무죄한 죽음과 뜨거운 피가
아직도 그 땅과 거민 가운데 흐르고 있었음을
내 심령의 눈으로 보게 하셨다.
나는 하늘 아버지께서 그토록 침묵하셨던 이유를 이제야 알게 되었다.
내가 다시 돌아갈 땅은 카작 땅이란 것을 말씀하시려고 하셨던 것이다.
주님은 내가 다시 그 땅에 그 민족에게
가야 한다는 사실을 알게 하시려고 이때에 나를 보내셨던 것이다.
그동안 나는 주님이 가라 하시면 어디든 다시 나가겠습니다.
아프가니스탄입니까? 투르크메니스탄입니까? 아니면 이라크입니까?
또 다른 변방을 두고 여쭤왔었다.
아니 정직하게 말하면, 내 안엔 이상한 오기가 발동하였던 것이다.
주님, 더 빨리 죽을 수 있는 곳이 어디입니까? 하며 떼를 써왔다.
그런데 주님은 다시 카작 땅으로 부르고 계셨다.
내 아내의 피가 나를 부르고 있는 것처럼 말이다.

이제 나는 아내의 피를, 그 땅의 거민으로부터 돌려받고 싶어졌다.
아니, 나에겐 충분히 그들 앞에 그럴 자격 있다는 이상한 배짱까지 생겼다.
난 충분히 대가를 치렀기에 담대하게 그리고 아주 당당하게
예수 그리스도를 전하며 초청할 것이다.
지금 하늘 아버지께서 그 외아들 독생자의 피값을 거둬들이시는 것처럼,
나도 그 민족 앞에 뿌린 아내의 피값을 거둬들이고 싶어졌다.
사랑하는 나의 아내의 영혼은 지금 카자흐스탄에 살고 있다.
그리고 내 마음속에도….

— 2005년 7월 17일 〈열매로 거둬야 할 피값〉 중에서

나는 하나님이 한재성 선교사를 이렇게 위로하시고 회복시키셨다고 믿었다. 그에게 애통을 주신 것은 하나님나라의 회복을 위해 눈물로 씨를 뿌리라는 더 큰 애통에의 초청이었던 것이다.

우연히 영화 잡지를 넘겨보던 중 조은령 감독이 통일에 대한 하늘의 부담을 안고 그토록 애통해하며 만들던 〈하나를 위하여〉의 기사를 접하게 되었다. 아내가 죽은 뒤 남편 김명준 감독이 영화를 완성했는데 상영되어 감동을 주고 있다는 내용이었다.

"누군가 가야 할 길인데 아무도 가지 않는다면 제가 가겠습니다."

그렇게 기도하며 황무지를 지향한 조은령 감독.

'그의 영화는 이제부터 시작이다. 그 완성은 하나님이 측량 못할 결실로 이루어주신다.'

그런 깨달음이 새벽을 흔드는 바람처럼 다가왔다. 우리 하나님이 아신다. 당신의 나라를 위해 드려진 그 어떤 충성과 헌신과 눈물의 씨앗에서도 천국의 열매를 보신다. 그리고 당신의 가장 선하신 때에 반드시 열매로 위로하신다.

상렬 어머니 양선주 집사는 태국 치앙라이 빠마이에 갔다. 상렬의 죽음으로 인연이 되어 빠마이 산족들을 위한 사역을 후원하는 이들과 같이 간 것이다. 산족 아이들이 공부하러 지나다니는 길을 닦다가 상렬이 심장마비로 죽어간 길은 생각보다 좁았다.

"상렬이가 하나님 품으로 간 후 저희는 오직 하나님나라만 바라보며 온전히 헌신하게 되었지요. 이 세상 다른 무엇보다도 주님이 가시는 그 길만 볼 수 있게 된 것이 상렬이가 남겨준 가장 큰 선물인 것 같아요."

아들이 만든 좁은 길을 걸으며 양선주 집사는 말했다.

'나는 효자입니다. 하나님과 이웃을 사랑합니다.'

날마다 그렇게 외쳤다는 상렬이의 맑은 목소리가 어디선가 들리는 듯했다. 세상에 거의 존재조차 인식되지 않는 산족 아이들을 위해 드려진 생명… 그 길은 결코 작은 것이 아니다. 세상 사람들이 알지도 보지도 못한 미세한 마음과 충성까지 다 기억하시며 반드시 열매 맺으심을 증명

우리 하나님이 아신다
당신의 나라를 위해 드려진 그 어떤 충성과 헌신과
눈물의 씨앗에서도 천국의 열매를 보신다
그리고 당신의 가장 선하신 때에 반드시 열매로 위로하신다

하는 하나님의 풍경인 것이다. 이 세상 그 어디서든 애통하며 씨를 뿌린 모든 영혼들이 걸어갔던 크고 아름다운 천국의 길인 것이다.

> 너희는 가만히 있어 내가 하나님 됨을 알지어다
> 내가 열방과 세계 중에서 높임을 받으리라
> 시편 46:10

에필로그

두 번째 천국의 행복을 찾아서

톨스토이는 여든두 살이 되던 해
폭풍우가 몹시도 몰아치는 밤에
자신의 명성과 재산을 다 버려두고 집을 떠났습니다.
마태복음의 산상수훈을 읽은 후
성경을 끌어안고 엉엉 소리 내어 울고는
그렇게 떠날 마음을 품은 것이었습니다.
세상 누구보다 더 많고 큰 것을 가졌지만
주께서 보여주신 하늘의 본질을 가지지 못한 부끄러움과 남루함…
톨스토이처럼 모든 걸 버리지 못했지만
저 또한 그 본질을 찾아 여행을 떠났습니다.

〈애통하는 자는 복이 있나니〉라는
두 번째 천국의 행복을 찾아 나서며
내 안에서 멈추지 않고 울리는 소리가 있었습니다.
"살아 계신 주!" 그것입니다.

주님은 지금도 살아 계셔서
우리의 모든 발걸음과 충성과 진실을 함께하신다는 걸
우리의 수고와 눈물과 한숨을 다 기억하신다는 걸
이 지난한 팔복의 여정에서 만났습니다.
"최춘선 할아버지만 아니라 우현 형제의 마음과 아픔 또한
주님이 위로하시고 세워주신 것이라는 생각이 들어."
탈고를 한 후 〈가난한 자는 복이 있나니〉를 나누러 갔던
젊은이들 집회에서 옛 교회 선배 목사님이 하신 말씀입니다.
부인하지 않습니다.
늘 부끄럽고 누추한 영혼이지만
'지극히 작은 자 하나'를 통해 '그리스도의 풍경'을 만나고 싶었던
제 감추인 삶을 주님이 위로해주신다는 걸 부인하고 싶지 않습니다.
아니, 자랑하고 싶습니다.
그것은 나만이 아니라 이 세상 그 어디에 있든지
비록 초라하고 작아 보여도

어이없고 안타까워 보여도
하늘을 향한 모든 풍경 속에는 주님이 항상 함께하시며
위로해주신다는 의미이기 때문입니다.
〈애통하는 자는 복이 있나니〉를 쓰면서
너무나 많은 이들이 희생과 고통으로 드려졌음을 보았습니다.
이름 없이 빛도 없이 드려진 그 헌신을 통해 하나님나라가
도도히 이어져왔음을 발견했습니다.

이 글 속에 나오는 몇 사람들은
세상 모든 '애통하는 자'들의 상징일 뿐입니다.
이 세상 그 어디에서 아무도 알지 못하는 헌신과 수고라도
하늘은 명확히 기억하시고 뜨거운 동행을 하시며
비록 세상에 드러난 결실이 작아 보이고 초라해 보인다 해도
그렇게 드려진 진실眞實만으로도 이미 열매로 인정하시고
또 당신의 '때'에 반드시 결실하신다는 그 위로의 본질을

몇 사람들을 통해 나누고자 할 뿐입니다.
그러므로 이것은 저를 포함한 우리 모두의 이야기입니다.
우리는 떠나야 합니다.
하늘이 주시는 '애통하는 자'의 복福을 누리기 위해
아무리 폭풍우와 험난한 장애물이 우리 앞을 가로막아도
'하나님의 풍경'을 만나고 '천국의 본질'을 소유할 때까지
주께서 우리에게 주신 그 '땅 끝'에서 울며 씨를 뿌리며 가야만 합니다.
지금도 '살아 계신 주님'이 그렇게 가셨으며
또 지금도 우리와 함께 그렇게 가시길 소망하시기 때문입니다.
그것이 '애통'이며 '위로'며 진정한 '부흥'이기에.

김우현

하나님은 결코 실수하지 않으십니다

— A. M. 오버튼

내가 가는 이 길이 혹 굽어 있더라도
심장이 울렁이고 가슴 아파도
내 마음속으로 여전히 기뻐하는 까닭은
하나님은 실수하지 않으시기 때문입니다.

내가 세운 계획이 혹 빗나갈지 모르며
나의 희망 덧없이 쓰러질 수 있지만
나 여전히 인도하시는 주님을 신뢰하는 까닭은
주께서 내가 가야 할 길을 잘 아시기 때문입니다.

늦은 밤 어두움이 깊어
날이 다시는 밝지 않을 것 같아 보여도
내 신앙 부여잡고 주님께 모든 것을 맡기는 까닭은
하나님을 내가 믿기 때문입니다.

지금은 내가 볼 수 없는 것이 많아서
멀리 가물가물 어른거려도
내가 아무것도 두려워하지 않는 까닭은
모든 것을 주님께 맡겼기 때문입니다.

차츰차츰 안개는 걷히고
하나님 지으신 빛이 뚜렷이 보일 것입니다.
가는 이 길이 온통 어둡게만 보여도
하나님은 결코 실수하지 않으시기 때문입니다.

그리스도의 마음으로 애통하는 자

배기철

혼혈의 서러움을 믿음으로 넘어서서 이 시대의 사마리아인 무속인들의 집에 찾아가 그리스도의 사랑을 전하고 있다. 사랑하기 힘든 존재를 사랑하는 것이 하나님이 하신 사랑이라고 말하는 그는 오늘도 그 사랑으로 무속인들과 혼혈인들을 위해 기도하며 헌신하고 있다.
국제가족한국총연합회 카페 cafe.daum.net/dawoori5060

한재성

중앙아시아 카자흐스탄 선교사로 파송되어 3년간 태권도전문인사역과 교회 개척을 했다. 비자 문제로 필리핀에서 4년간 사역한 후 2004년 9월 다시 들어간 그 땅에서 가장 사랑하는 아내(김진희 선교사)를 잃었다. 처절한 고통 속에서 그는 아내의 피값을 열매로 받기 위해 다시 그 땅으로 떠날 예정이다. 홈페이지 www.anbc.pe.kr

김상렬

2001년 8월 태국 치앙라이 빠마이에서 산족 아이들이 학교 다니는 길을 닦다 스무 살의 나이로 주님의 품에 안겼다. 상렬 군의 희생 이후 오지 선교사를 위한 기도 모임이 생기고, 태국 현지에서는 매년 수천 명의 산족들이 깊은 밤까지 하나님을 찬양하는 축제를 열고 있다.
내사랑 빠마이 카페 cafe.godpia.com/thailand

조은령

뉴욕대 영화과 출신으로 단편영화 〈스케이트〉로 칸의 초청을 받았던 촉망받던 영화감독. 하나님의 풍경을 담고자 하는 사명을 가지고 재일 조선인에 대한 영화를 제작하던 2003년 홀로 집에서 실족사 했다. 매 순간 성령님의 인도하심을 구하며 작업했던 그녀의 삶은 한 편의 단편영화처럼 감동적이다. 추모 홈페이지 www.echofilm.com

김선일

부산신대, 한국외대 아랍어과를 졸업하고 꿈꿔왔던 모슬렘 선교를 위해 무역회사 직원으로서 이라크로 갔다. 구걸하는 아이들에게 줄 돈을 미리 지갑에 넣고 다닐 정도로 이라크 땅과 그곳 사람들을 사랑했던 그는 2004년 6월 이라크 무장 단체에 의해 피랍되어 순교하였다.
추모 홈페이지 www.kimsunil.net

애통하는 자는 복이 있나니

초판 1쇄 발행 2005년 8월 18일
초판 32쇄 발행 2013년 7월 31일

지은이 김우현

펴낸이 여진구
편집국장 김응국
편집장 김아진
기획·홍보 이한민
기획에디터 오은미, 최지설, 이소현
책임에디터 안수경, 박혜련
해외저작권 최영오
디자인 이혜영, 전보영, 윤숙인, 양효은
마케팅 김상순, 강성민, 허병용
마케팅지원 이영민, 최태형, 김소영
제작 조영석, 정도봉
경영총무 김혜경, 김경희
이슬비전도학교 엄취선, 최경식, 전우순
이슬비암송학교 박정숙, 최영배, 이지혜
이슬비장학회장 여운학

펴낸곳 규장

주소 137-893 서울시 서초구 양재2동 205 규장선교센터
전화 578-0003 **팩스** 578-7332 **이메일** kyujang@kyujang.com
홈페이지 www.kyujang.com **트위터** twitter.com/_kyujang
등록일 1978.8.14. 제1-22

ⓒ 김우현, 2005
이 출판물은 저작권법에 의해 보호를 받는 저작물이므로 무단 전재와 무단 복제를 할 수 없습니다.

책값 뒤표지에 있습니다.
ISBN 89-7046-343-7 03230

규 | 장 | 수 | 칙

1. 기도로 기획하고 기도로 제작한다.
2. 오직 그리스도의 성품을 사모하는 독자가 원하고 필요로 하는 책만을 출판한다.
3. 한 활자 한 문장에 온 정성을 쏟는다.
4. 성실과 정확을 생명으로 삼고 일한다.
5. 긍정적이며 적극적인 신앙과 신행일치에의 안내자의 사명을 다한다.
6. 충고와 조언을 항상 감사로 경청한다.
7. 지상목표는 문서선교에 있다.

하나님을 사랑하는 자 곧 그 뜻대로 부르심을 입은 자들에게는 모든 것이 合力하여 善을 이루느니라(롬 8:28)

Member of the
Evangelical Christian
Publishers Association

규장은 문서를 통해 복음전파와 신앙교육에 주력하는 국제적 출판사들의
협의체인 복음주의출판협회(E.C.P.A:Evangelical Christian Publishers
Association)의 출판정신에 동참하는 회원(Associate Member)입니다.